아름다운 도서관
오디세이

차례

Contents

글머리에

나는 지상에서 아름답고 위대한 도서관을 찾아 지금도 여행을 계속하고 있다. 그곳에 가면 겉으로 드러난 아름다움도 보지만, 그 속에 어떤 사람이 어떤 내용을 가지고 어떤 역할을 해왔는지를 더 중점적으로 본다. 내가 본 곳은 고대 도서관 유적을 비롯하여 중세의 수도원도서관과 선진국의 국립도서관, 공공도서관 그리고 세계에서 손꼽히는 대학도서관들이다.

세계의 도서관을 순례하면서 새삼 우리 도서관의 사명과 현실을 되돌아보게 되고, 우리도 아름답고 위대한 도서관을 가질 수 있다는 꿈을 공유할 수 있었다. 나아가 도서관이 생활의 중심기관으로 당당히 자리매김할 수 있을 만큼 우리의 의식 수준이 향상했다는 사실을 알게 되었으며, 도서관도 손색없는 터

마여행이 될 가능성까지 발견할 수 있었다.

고백하면, 나는 퇴임 후 지금까지 도서관을 돌아다니면서 직접 보고 배운 것이 40여 년 동안 강단과 현장에서 보고 얻은 이야기보다 훨씬 많았다. 그 많은 사실은 교재에서는 물론 선배 교수님이나 동료 교수 그리고 선·후배 사서 누구에게도 들어보지 못한 것이어서 더욱 그러했다.

도서관은 내가 찾아가면 그때마다 어김없이 나에게 무엇을 가르쳐 준다. 특히 미국의 의회도서관만 가면 사서들이 늘 하는 말이 있다. "세계가 갑자기 붕괴하더라도 의회도서관만 건재하다면 복구는 시간문제다." 인류의 모든 지식과 정보를 다 가지고 있으니, 설사 세계가 멸망해도 이곳만 무사하다면 문명을 재생할 수 있다는 그들의 자부심이 결코 과장으로 들리지 않았다. 프랑크푸르트에 있는 독일 국립도서관에서 판매하는 관광엽서에는 아름다운 도서관 사진과 함께 이런 글이 적혀 있었다. "사람들은 어디에서 최고의 지식을 얻는가?" 그 물음에 "바로 도서관이다."라는 대답 한마디로 그들의 긍지를 읽을 수 있었다.

그러나 우리에겐 이런 이야기가 없다. 많은 사람에게 도서관은 저 멀리 떨어져 있기 때문이다. 도서관이 수적으로도 부족하고, 곁에 있더라도 대개는 나와 상관없는 것으로 치부한다. "한 나라의 역사를 알려면 박물관을 봐야 하고 미래를 알려면 도서관을 봐야 한다."는 말이 있지 않은가. 그래서 많은 나라가 박물관을 만들어 역사를 알리고 도서관을 세워 미래를 준비한다. 그런데 우리나라는 과거에는 아름다운 도서관을 가지고 있었지만 지금 이 시점에서는 정말 훌륭하고 아름다운 도서관을 찾아보기 어렵다.

우리나라 창덕궁 비원에 있는 규장각은 정조 대왕이 만든 조선 시대 왕립도서관의 전형으로 빼어난 아름다움에서부터 규모나 시설, 그 속에 담긴 장서의 양이나 질적인 면에서 세계적 수준이었다. 어디 이뿐인가. 우리는 세계 최초의 금속활자로『직지』를 찍어내고, 세계적인 수준의 세계기록유산을 가진 문화선진국의 전통을 자랑하고 있다. 하지만 지금 우리는 정녕 문화민족으로서 긍지를 이어가고 있는가? 규장각과 같은 당대 최고의 도서관과 팔만대장경을 가장 과학적으로 안치할 수 있는 장경판전을 세울 능력이 있는가? 조심스럽게 물어보고 싶다.

그 옛날 우리 인류는 기억의 흔적을 오래도록 간직하기 위해 동굴 속이나 암벽에 글과 그림을 남겼다. 나아가 그들은 단지 그곳에만 새겨 둔 기록을 서로 나누며 함께 간직하려고 진흙 덩이를 구워 점토판 책을 만들고, 양피지나 송아지 가죽에 글을 옮겼으며 갈대를 잘라 기록한 다음 도서관을 만들었다. 이런 원초적 도서관이 있었기에 오늘날 이만큼의 문명사회가 이룩된 것은 아니었을까?

나는 도서관이 과연 언제 어디서 탄생했고 어떻게 출발했는지 직접 내 눈으로 확인하고 싶었다. 고대 도서관 유적에서부터 중세 수도원도서관을 거쳐 초기 대학도서관을 들여다보고, 세계의 국립도서관과 공공도서관은 지금 어디쯤 와 있는지 그

속살도 만져보고 싶었다. 이런 것들이 내가 먼 여행길을 나선 이유이다.

　내가 찾아간 도서관은 아프리카에서부터 유럽, 북미주에서 자타가 인정하는 아름답고 위대한 도서관들이다. 약 5여 년에 걸친 두 차례 도서관 순례길에서 듣고 본 것을 있는 그대로 당신에게 전달해 보려고 한다. 눈에 보이는 것뿐만 아니라 감춰져 있는 뒷이야기까지.

영혼의 요양소

　인류 최초의 도서관은 기원전 669년 아시리아의 왕 아슈르바니팔(Ashurbanipal)이 제국의 수도였던 니네베(Nineveh)에 자신의 통치문서와 그의 책을 보관하는 장소인 아슈르바니팔도서관이라고 추측한다. 하지만 아슈르바니팔보다 6세기 앞선 기원전 1,200년 이집트의 왕 람세스 2세가 이미 체계적인 장서를 갖추고 도서관을 활용했다는 사실이 밝혀지고 있다.

　람세스 2세는 살아생전에 도서관을 통치에 활용했다. 그가 있었던 라메세움도서관은 피라미드 글의 원판과 파라오의 부활의식이 담긴 수천 개의 파피루스를 소장하고 있었다. 왕의 제례와 철학, 고문서들에 대한 지식 없이는 이집트를 다스릴 수 없었기 때문이다. 이처럼 람세스는 도서관을 통해 얻은 지식으

장크트갈렌 수도원도서관 문 위에 붙어있는 간판.

로 67년간 이집트를 다스렸다. 그는 살아서 뿐만 아니라 죽어서도 도서관과 함께했다. 그의 시신이 있는 자리, 즉 영혼이 머무는 가장 가까운 곳에 지극히 성스러운 장소인 지성소(sanctum sanctorum)를 만든 것이다. 신전 안 호화로운 지성소의 한쪽 벽 시렁 위에는 『사자(死者)의 책』 등 여러 권의 파피루스 두루마리를 쌓아 두고, 바로 그 입구 문틀 위에 'ΨΥΧΗΣ ΙΑΤΡΕΙΟΝ(영혼의 요양소)'이라는 문패를 붙여 '신성한 도서관'이라고 불렀다. 오늘날 도서관을 뜻하는 고대 그리스어 'βιβλιοθήκη(Bibliothèke)'가 책(Biblion, 파피루스 두루마리)을 쌓아 둔 책장(thèke, 또는 장소)에서 따온 것을 보면 그 출발점은 바로 이곳 지성소에서 시작했음을 쉽게 짐작할 수 있다.

무덤 속에 존재하던 신성한 도서관은 파라오 시대로 일단 끝났지만 그 명맥은 지중해에서 그대로 이어졌다. 람세스의 도서관 이후 천 년이 지날 무렵, 지중해 연안 동서 문명의 교차로인 알렉산드리아에서 역사상 맨 처음 '도서관'이라는 명칭을 가진 근대적 의미의 알렉산드리아도서관이 등장한 것이다. 바로 그 도서관 정문 문설주 위에 람세스의 무덤에 설치되었던 것과 똑같은 문패가 붙어 있었다는 사실은 결코 우연이 아니다.

상형 문자에서 '도서관'을 뜻하는 단어를 가만히 들여다보면 그 속에 새(bird)가 들어가 있다. 새는 곧 영혼(soul)을 의미한다.

우리는 흔히 도서관이라 하면 '학생들의 공부방', '책을 보관하여 읽는 곳', '지식과 정보를 제공하는 장소'쯤으로 이해하고 있는데, 그 옛날 도서관은 우리의 영혼과 깊은 관계를 맺고 있다. 고대인들은 도서관을 책을 통하여 영혼이 쉴 수 있는 요람이자 영혼을 치유하는 장소로 이용했던 것이다.

다행히 최근 우리나라 대학과 몇몇 공공도서관에서 독서 치료(bibliotherapy)와 독서 클리닉(reading clinic)운동이 펼쳐지고 있다. 책을 통해 마음을 치유하는 고귀한 운동으로 부산대학교 김정근 교수팀이 그 선두에 서서 독서 바람을 불러일으키고 있다. 나는 이 일이 '단순히 책을 통해 자신의 트라우마(trauma, 마음에 입은 상처)를 치유하는 것을 넘어 그동안 잠자고 있던 도서관의 영혼을 다시 일깨우고 있는 것은 아닐까?' 하는 생각을 하곤 한다. 즉, 독서 치료 운동이 어느 날 갑자기 나타난 것이 아니라 그 옛날 '영혼의 요양소'와 깊은 연대를 맺고 있었다는 것이 이제야 내 마음속에 온전히 자리를 잡은 것 같다.

이렇게 영혼의 요양소로 시작한 고대 알렉산드리아도서관은 중세 수도원도서관으로 이어져 지금 수도원도서관을 '영혼의 요양소'라 부르기도 한다. 스위스 장크트갈렌 수도원도서관 문패도 그렇고 그리스 외딴 섬 파티모스의 성 요한 수도원도서관 석벽에도 같은 문자가 새겨져 있다. 그 아래 "여기에는 찬란한 책들이 보존되어 있다. 책은 황금보다 귀한 것이니 자신의 생명보다 귀하게 다루어라."라고 쓴 경구를 보면 과연 책은 우리의 생명보다 값지고 우리의 영혼을 일깨우는 것임을 느끼게 한다.

그리스의 파트모스에 있는, 성 요한 수도원도서관 입구석벽
'영혼의 요양소'라고 새겨 놓았다.

　도서관의 대장정은 여기서 끝나지 않았다. 고대 이집트 알렉산드리아도서관에 붙인 꼭 같은 팻말, '영혼의 요양소'는 마음을 치유하는 것을 넘어 학문을 창조하고 인류문명을 도약시키는 학문의 전당으로 바뀐 것이다. 지구가 구형이 아닌 평면이어서 바다 끝이 세상 벼랑 끝이라던 무지한 시절에, 이집트를 묘사한 파피루스 지도가 이곳 도서관에 몇 점 남아 있다.

　이런 시기에 지구가 둥근 원으로 이루어졌다는 독특한 상상력으로 지구 둘레를 계산한 에라토스테네스가 그곳에 있었고, 평평한 미지의 세상에 또 다른 대륙과 강을 넣어 원추형 투영법으로 세계지도를 최초로 만든 프톨레마이오스가 같이 있었다. 목욕탕에서 비중의 원리로 순금과 합금의 진위를 발견해 "유레카(Eureka, 그리스어로 '알았다')!"를 외친 아르키메데스도 거기에 있었고, 나일 강의 범람 후 토지재분배를 측량에 의한 도형

연구로 '기하학의 원리'를 밝혀낸 유클리트 또한 그곳에 있었다. 그리고 피나케스(Pinakes) 목록을 만들어 흩어진 책을 쉽게 찾을 수 있도록 해준 대시인이면서 사서인 칼리마코스도 예외가 아니다. 그들이 모인 그곳은 바로 알렉산드리아도서관이다. 이런 학자들은 모두 당대의 석학이고 인류문명을 만들어 낸 위대한 스승이다. 인류의 찬란한 문명은 그냥 만들어진 것이 아니라 거기에 함께 모인 위대한 도서관이 있었기 때문이다.

얼마 전 어느 TV방송에서 〈세상을 바꾼 지도〉 프로그램을 연 3회에 걸쳐 방송된 일이 있다. 그 방송의 핵심은 지금 알렉산드리아도서관에 보관 중인 '프톨레마이오스 지도'를 중심으로 이야기가 전개된다. 당시 누구도 경험하지 못한 세상을 훤하게 바꿀 수 있었던 것은 그의 지도가 있었기에 가능했다는 것이다. 나는 알렉산드리아도서관의 '칼리마코스 발코니'에 서서 문헌정보학 역사교재에만 알려진 인류 최초의 사서, 칼리마코스를 곁에서 만난 듯 반갑고 고마워 눈을 감고 감사의 인사를 드렸다.

수도원도서관

비블링겐 수도원도서관

    우리는 도서관이 가진 숭고한 이념이나 가치를 잘 모르고 있다. 주위에 도서관이 있지만 그것은 학생들의 공부방일 뿐 나와는 상관없는 곳이라고 생각한다. 우리가 여행을 많이 해도 도서관 여행은 하지 않는다. 그래서 도서관 기행 책은 별로 없다. 그만큼 우리의 의식은 도서관과 거리가 멀다.

    독일의 남부 울름시 비블링겐 마을을 안내하는 여행책에는 '아인슈타인이 태어난 곳, 세계에서 가장 높은 첨탑을 가진 성당이 있는 곳' 정도로 소개할 뿐, 그 안에 '세계에서 가장 아름다운 도서관'이 있다는 사실을 여행책도 잘 모르고 있다.

중세 시대 지식인들이 여행하면서 가장 많이 찾았던 곳은 어디였을까? 바로 도서관이었다. 당시 지식인들의 도서관 순례는 지식과 교양을 재충전하고 필요한 정보를 수집하며 영혼의 요양을 겸한 여행으로 그들에게는 보편적인 지적행사였다. 도서관을 찾는 것은 일종의 수업여행으로 그곳에 가면 필요한 지식을 얻을 수 있고 원하는 정보를 수집할 수 있으며, 또한 마음을 다스리기 위한 수단의 하나였다.

오늘날 같은 대학이 없었던 중세 시절, 수도원은 신앙의 중심지이자 학문의 센터여서 순례자들의 발길이 끊어지지 않았다. 도서관은 책의 창고가 아니다. 우리에게 무한한 지식과 필요한 정보를 제공해 주는 공간이고, 인류문화의 역사와 자산을 갖춘 지식의 저장고이다. 동시에 책을 통해 위대한 스승을 만날 수 있는 장소이자 기록유산뿐만 아니라 옛 성인 또는 역대 제왕의 유물을 소장한 문화유산의 보물창고이다. 나아가 도서관은 우리의 영혼을 치유하는 요양소이자 휴식처이며 건물 또한 아름답고 장엄해 순례자를 감동하게 하기에 부족함이 없었다.

이런 의미에서 중세의 도서관은 수도원에서 태어났다고 할 수 있다. 비블링겐 수도원 역시 그 중의 하나이다. 이 수도원은 성 베네딕도회의 하나로 1093년, 신을 향한 경건한 위업을 쌓아 그 자신과 후손의 종교적 구원을 받고자 했던 하트만 백작과 키르흐베르크가 세웠다. 수도원에는 도서관을 두고 그 안에는 전용 필사실(Scriptorium)까지 두었다.

수도원에 필사실을 둔 이유는 수도사들의 주된 일과가 성경을 읽고 해석하는 것이어서 책이 무엇보다 필요했기 때문이다. 당시만 해도 유럽에서 주요 책은 양피지나 송아지가죽으로 만든 필사본(筆寫本)으로 누구나 쉽게 구할 수 없는 귀한 존재였다. 특히 왕실이나 귀족들이 특별히 만드는 책은 질기고 튼튼하며 오랫동안 보존이 가능한 양피지가 최상의 서사(書寫)자료였다. 그때도 종이는 물론 있었다. 값이 양피지의 6분의 1밖에 되지 않았기에 산골의 작은 수도원이나 가난한 지식인들이 얼마간 사용하였지만 지질이 나쁘고 잘 찢어져 보편화하지 못했다.

이렇게 양피지는 중동지방에서 흔히 사용하는 점토판이나 이집트에서 사용하는 파피루스보다 보존과 휴대가 간편하고 기록하기가 쉬워서 중국의 제지기술이 정착, 생산되기까지 유럽의 왕실이나 큰 수도원 등에서 보편적으로 사용되었다. 그렇지만 양피지를 사용하는 데는 문제점도 많았다. 책을 만드는 공정과정은 말할 것도 없고 제작비용이 너무 많이 들었다. 우선 양 한 마리에 2절판 책 한판(2장)밖에 나오지 않기 때문에 책 한 권을 얻기 위해서는 엄청난 양을 도살해야만 했다. 대형 성서 한 권을 만드는 데 200여 마리의 양이 희생되었다고 하니, 귀족 가문 출신의 수녀가 성서 한 권의 대가로 넓은 포도밭을 내놓았다는 이야기도 충분히 이해가 간다.

책이 귀하고 소중한 이유는 우선 책(Biblion, 그리스어)의 이름이 바이블(Bible)에서 연유했듯이, 그 안에 하느님의 말씀으로 가득차 있을뿐더러 값비싼 재료를 사용하여 한자씩 손으로 옮겨

쓰고 외형까지 온갖 색으로 치장하여 고품격으로 만들었기 때문이다. 따라서 값이 너무 비싸 이웃 나라와의 외교 교섭용이나 국빈과 외국사절을 위한 선물용으로 사용하기도 하고 사적으로는 사랑하는 왕비나 연인인 귀부인을 위해 또는 공주들의 혼수예물로 사용했을 정도로 아무나 소유할 수 없는 귀한 존재였다.

그렇지만 수도원에서 일반적으로 쓰는 책은 지질이 좋지 못한 얇은 종이를 썼고 외양도 호화롭지 않았다. 특히 종교 텍스트(text)와 라틴어 문장 습득에 필요한 고대 그리스, 로마의 세속적인 작품들은 책 자체가 소박하고 삽화와 채색 그리고 겉표지까지도 단순하다. 이곳처럼 수도사들이 교재용으로 직접 기록한 필사본은 아무런 장식도 없이 흰색 가죽 또는 무명 표지로 장정하는 것이 보통이다. 나는 이 수도원에서 아무 장식도 없는 소박한 책을 들여다보면서 예나 지금이나 그래도 종교가 순수성을 지켜주고 있다는 것이 한줄기 밝은 빛으로 보였다.

책의 혁명은 분명히 구텐베르크의 활자 인쇄술 발명 덕분이다. 하지만 처음 인쇄된 『구텐베르크 성서』는 너무 크고 무거웠다. 크기가 가로 29.5㎝, 세로 40.5㎝가 되어 종이본 무게는 13.5㎏이고, 전 세계 11권만 남아 있다는 양피지본은 22.5㎏으로 우리나라 6살 어린이의 평균몸무게만 해서 혼자 들고 다니기엔 너무 무거웠다. 이런 책을 호주머니 속에 집어넣을 수 있도록 다운사이징 해서 아름답게 디자인하고 대중화시키는

데 기여한 르네상스 시대의 이탈리아 알두스 마누티우스(Aldus Manutius)의 공적도 우리는 반드시 알아 두어야 할 것이다. 지금 우리는 책을 너무 쉽게 만나고 값싸게 구한다. 국밥 한 그릇 값이면 웬만한 책을 다 살 수 있고, 그것이 문고판(文庫版)이면 커피 한 잔 값으로도 얼마든지 구할 수 있다.

내가 보고 있는 수도원은 바로크양식의 대표적인 수도원 건축물 중의 하나로 손꼽힌다. 거기다 다시 내부를 고풍스러운 스타일로 고쳐 인류 최고의 걸작품이 됨으로써 마침내 '세계에서 가장 아름다운 도서관'으로 이름을 새겼다. 도서관 문을 여는 순간 현란한 색감의 천정과 벽면 서가에 가득 찬 책들, 그리고 화려한 조각상들의 향연이 먼저 눈으로 다가선다. 지금까지 내가 생각해온 도서관과 전혀 다른 풍경이다.

마치 타임머신을 타고 중세 유럽의 어느 한 곳에 온 듯했다. 길이 23m, 폭 12m의 넓이의 조그마한 궁전처럼 보이는 타원형의 살(Saal: 큰 홀)은 복층 구조로 서른두 개의 화려한 문양들로 채색된 기둥으로 둘러싸여 있다. 이 기둥들은 자체적으로 광채를 낼 수 있도록 황금색과 푸른 색상을 띠고 있는데 모두 목재로 제작된 것이다. 1층의 격자무늬 대리석 바닥 위에는 우윳빛 광채가 나는 여덟 분의 여신상들이 모두가 한 손에는 황금색으로 된 책과 다른 손에는 지휘봉, 저울, 창, 올리브가지 같은 것을 들고 있어 모나리자처럼 신비감을 주고 있다.

2층으로 오르는 난간은 아래층에 있는 모든 예술품을 그 위로 끌어올리는 듯하다. 입구 맞은편 2층 중앙에는 이곳에서 가

2층 난간에 황금관을 쓰고 있는 여신. 아래는 종교와 학문의 여신들이 있다.

장 아름답다고 하는 황금 화관을 쓴 여신이 바른 손에 타락한 지구를 들고 왼손으로 지구의 어느 한 곳을 가리키고 있다. 깨끗한 신만이 알고 있다는 뜻이란다.

오랜 세월 공들여 가꾼 이 공간은 말로 설명하기 어려운 아름다움을 품고 있었다. 1층에 있는 여덟 개의 여신상은 눈을 떼지 못할 정도로 정교하고 아름답다. 홀 양쪽에서 마주 보고 서 있는 여신은 종교적인 의미와 세속적인 의미를 지닌 두 그룹으로 나누어져 있다. 동쪽 편에 있는 네 상은 믿음, 복종, 세속의 단절, 선행을 각각 나타내어 베네딕트 교단의 원리를 표현하고 있고, 서편에 있는 네 상은 학문의 영역인 법학, 자연과학, 수학, 역사를 각각 상징하고 있다.

수도사들은 매일 이 여덟 여신상을 쳐다보면서 교단의 원리에 따라 열심히 수행하고, 또 세속적 학문도 게으르지 않도록 마음을 다짐한다. 이 두 그룹의 조각상을 마주 보게 한 것은 '종교와 학문은 결국 둘이 아니고 하나다'라는 강한 메시지를 우리에게 전달하는 것이라고 한다. 나는 이를 보면서 불교에서 말하는 불이사상(不二思想)이 떠올랐다. 조각상에서 눈을 떼고 고개를 천정으로 향하면 프레스코 화법으로 그린 성화가 보인다. 이론적이고 철학적인 그림들이 하늘과 천국에 오르는 뚜렷한 느낌을 들게 해준다. 이 작품은 "지식은 하늘, 곧 신으로 이르게 한다(Knowledge leads to heaven and thus, to the Divine)."는 의미가 있다.

실내를 다 보고 또 설명을 듣고 내린 나의 결론은 베네딕트 수도회의 아이콘은 '믿음=지식'이라고 생각했다. 수도사는 믿음을 얻기 위해 지식을 탐구해야 하고 지식을 탐구함으로써 믿음은 돈독해진다. 지식은 곧 신에 이르게 하므로 지식을 쌓으려면 반드시 많은 책이 필요하다. 그러기 위해 수도원에서 도서관은 절대 필요하여 어떤 수도원이든 도서관을 빼놓고는 성립이 안 된다는 사실을 이번 여행을 통해 알게 되었다.

아드몬트 성 베네딕도 수도원도서관

수도원도서관은 언제나 유럽 역사와 문화의 중심에 서 있었다. 개인이 쉽게 책을 소유할 수 없었던 시절, 중세 유럽 사람들의 '안다는 것'과 '생각한다는 것'은 대부분 책에 근거했기에 독서는 그들의 일과였고, 도서관은 삶의 터전이었으며 생활 전

아드몬트 수도원도서관
'세계 8대 경이로운 도서관'에 속한다.

부였다. 즉, 도서관은 수도원의 심장과 같은 것이었다. 그래서 "도서관이 없는 수도원은 무기고 없는 요새와 같다(A Monastery without a library was like a fortress without an arsenal)."고 했다. 덧붙여 "도서관이 없는 수도원은 재산 없는 도시이고, 등대 없는 항구"라고 말하며, 같은 도서관이라도 "책이 없는 도서관은 그릇 없는 부엌이고, 먹을 것 없는 밥상, 풀 없는 뜰, 꽃이 없는 목장, 잎이 없는 나무이다."라고 서슴없이 말했다.

아드몬트 성 베네딕도 수도원은 오스트리아 잘츠부르크에서 동남쪽으로 170㎞ 거리 알프스 산록에 조용히 숨어있다. 한때는 주민 1만여 명이 살았으나 제2차 세계대전 때 독일군과 연합군이 격전을 벌이는 바람에 모두 떠나버리고 지금은 주민 500여 명이 사는 조용한 산골 마을이다. 수도원은 대성당과

도서관 그리고 박물관으로 나누어져 있다. 이곳을 찾는 방문객들은 대부분 이 세 곳 중 도서관을 보러 오는 경우가 많다. 입장권(1인당 8유로, 약 1만 2천 원)을 내면 영수증과 함께 독일어와 영어로 도서관의 간략한 역사와 특징을 적은 노란색 리플릿을 나누어준다.

성 베네딕도 수도회는 가톨릭 수도회의 하나로 세계에서 가장 오래되었다고 한다. 수도사 베네딕도는 서기 480년 로마에서 태어나 수도사의 길을 걷다가 부와 신에 대한 갈등으로 새로운 종파를 만들어 복종, 청빈, 정절의 원칙을 지키며 수행과 노동을 제일 큰 덕목으로 삼았다. 그리하여 몬테카시노에 수도원을 세우고 엄정한 계율을 제정, 유럽 수도회의 기반을 닦아 나갔다.

그는 수도원의 핵심은 도서관이라 생각하고 필사본의 생산을 독려하여 많은 책을 소장하도록 했다. 당시 수도원의 규율은 수도사 개인이 책을 소유하는 것이 허용되지 않았기 때문에 독서욕을 충족시키려면 도서관을 이용하는 수밖에 없었다.

사실, 이 도서관도 처음에는 불과 12권의 장서로 출발했듯이 수도원이라고 해서 모두 이곳처럼 도서관이 크고 책이 많은 것은 아니다. 가진 책이라고 해야 모두 수십 권이고 수백 권을 가지고 있다면 제법 큰 도서관에 속했다. 이러한 책들은 보통 외진 곳에 보관했기 때문에 지금까지 잘 전해질 수 있었다. 그보다 수도원에는 선창자라고 부르는 사서를 두어 이들로 하여금 찬송가를 지도하도록 하는 한편 도서관을 감독하고 책을 엄격히 관리한 것도 지금까지 책이 남아 있는 주요 요인으로 볼 수 있다.

현재 '세계 여덟 번째 경이로운 도서관'으로 평가받고 있는 웅장한 건물 안으로 들어가면 짙푸른 옥색 속에 둘러싸여 있는 도서관 안에는 서가에 가득 찬 하얀 책들이 중간마다 놓여 있는 진한 황금색 조각상들과 어울려 신비스런 향기를 뿜어내고 있다. 홀 맨 가운데 칸에 있는 의미심장한 4개의 조형물을 위시해서 1, 2층에 분산되어 제각각 의미를 전달하려고 하는 12개의 조각상과 아름답게 그려진 화려한 천장화 그리고 60개의 창문으로 넘쳐 들어오는 황홀한 빛 때문에 도저히 한 눈으로는 다 확인할 수 없다.

도서관 홀은 모두 세 칸으로 되어 길이 70m, 폭 14m, 높이 11.3m(가운데 칸의 돔은 12.7m)에 달하며 세계 모든 수도원에 있는 홀 중에서 가장 길다고 한다. 도서관을 돌아보면서 느낀 것은 하나하나가 명품이고 모두가 지켜야 할 인류의 유산들이라는 것이다. 특히 인상적인 것은 하얀색으로 장정된 책들이 흰색 서가에 빼곡히 차 있는 모습이다. 왜 하필 흰 책일까? 안내자에게 물어보니 흰 표지로 만든 책은 모두 수도사들이 직접 필사한 것들이라고 했다. 그렇다면 이 도서관의 책들은 대부분 수도사들의 땀이 젖은 필사본이라는 이야기다.

아드몬트도서관은 건축양식뿐만 아니라 조각술, 화법, 구성, 장서 그리고 예술품이 천장에서부터 바닥장식까지 서로 연결되어 그 예술적 묘사는 조물주가 표현하지 못한 영혼이 담긴 걸작 중의 하나라고 감히 말할 수 있다. 이렇게 수도사들에 의해 제작되고 수집, 관리된 자료는 900여 권의 초기간행본을 포함해 22만 권의 장서와 8세기경에 만들어진 1,400점의 필사본, 그리고 530점의 초기 그림 등 이러한 것들이 아드몬트도서관의 초석이 된 것이다.

그 밖에 각 대륙에서 온 유명한 예술가와 학사들 그리고 무녀들을 본떠 도금을 한 68개의 흉상이 줄지어 있고, 뒤쪽 문 옆에 있는 대형시계가 하나 보인다. 시계는 1년에 한 번씩 태엽을 감는데 매우 정교해서 만든 지 200년이 넘었음에도(1801년부터 이 자리에 있었다고 함) 정확하게 현재 시각을 가리키고 있었다.

이곳의 또 하나의 특징으로 책으로 가득 찬 여러 서가 중 한 곳의 뒤에는 위장된 '비밀의 문'이 있다. 실제로는 책이 꽂혀 있는 서가지만 비상시 앞으로 당기면 비밀통로가 나와 탈출구로 쓰였다. 이곳과 똑같은 서가를 프랑스의 마자린도서관에서도 본 적이 있다. 나는 그것을 볼 때마다 강한 인상을 받으면서 한편 마음 한구석에서 울분이 치솟았다. 도서관이 도대체 무슨 잘못을 하기에 이러한 비밀의 문이 필요할까?

여기를 바라보며 느낀 것은 도서관은 언제나 위정자들에게 만만한 상대가 되어 유사시마다 박해를 입었다는 사실이다. 왕권을 강화하려는 권력의 야욕은 수도원을 파괴하고 도서관과 책을 불태웠다. 많은 종교전쟁마다 이교도의 책들을 잿더미로 만들었으며, 힘센 종교는 힘없는 다른 종교의 책을 그대로 두지 않고 불쏘시개로 삼았다. 종교개혁 때만 해도 프로테스탄트 개혁자들은 로마가톨릭의 증거를 없애기 위해 도서관을 말살하지 않았던가.

종이 위에 한자씩 땀으로 새긴 필사본들은 전쟁터의 횃불 또는 땔감으로, 때로는 병사들의 휴지로 사용되고 나아가 질 좋은 양피지 책은 그들의 군화를 수선하거나 군복을 깁는데 사용되었다. 무식한 독재자와 세상 물정 모르는 병사들만 탓할 일이 아니다. 16세기 영국의 헨리 8세는 로마가톨릭을 죽이고 수도원도서관을 없애 30만 권 이상이 지상에서 사라져 단지 2퍼센트 도서만이 살아남았을 뿐이다. 먼 나라 이야기가 아니다. 우리도 예외일 수 없었다. 거란의 침공으로 왕실문고가 파괴되고 몽고군의 침략으로 고려대장경이 모두 화마에 사라졌다. 부처님의 불력으로 외세의 침입을 막고자 다시 만든 것이 지금 해인사의 팔만대장경 경판이다. 임진왜란 때는 경복궁, 창덕궁, 창경궁이 모두 불타고 많은 장서가 일본으로 넘어갔다. 최근 정부가 밝힌 자료를 보면 일제가 함부로 가져간 책들이 8만 점이나 된다고 한다. 8만 권이면 웬만한 도서관을 가득 채울 분량이다. 그것도 모두가 국보급 문화재라니!

조선왕조실록만 해도 서울의 춘추관을 비롯해 충주와 성주에 있는 사고(史庫)가 모두 불타버리고 오직 전주 사고만이 남아 현재 서울대학교규장각에 남아 있다. 전주 사고본을 그대로 복각한 오대산본은 일본으로 넘어가 동경 제국대학도서관에 있다가 1923년 도쿄대지진 때 유실되었고, 묘향산본은 무주 적상산을 거쳐 창경궁 장서각(옛 창경궁 안에 일제가 지은 건물)에 소장하다가 1950년 6·25동란 때 북한군에 의해 약탈당하여 지금 김일성종합대학도서관이 가지고 있다.

이야기가 약간 빗나갔지만, 어렵게 살아남은 아드몬트도서관은 1938년 나치가 오스트리아를 병합하면서 수도원을 팔아버려 수도사들은 추방당하고 자료를 정치범 수용소로 분산시켜 도서관이 폐허가 되어버린 쓰라린 상처를 겪은 적도 있고, 앞서 말한 것처럼 제2차 세계대전 때는 전쟁의 소용돌이 속에 휩싸이기도 했다.

지금 이곳은 과거의 아픈 상처를 털고 원래의 모습으로 돌아가고 있다. 현재 30여 명의 수도사가 수도를 정진하고 있고 그 옆에 학교를 세워 수도사를 양성하고 있으며 잃어버린 상당수의 도서관 자료도 회수하여 지난날의 영화를 다시 꿈꾸고 있다. 이처럼 아드몬트 수도원도서관은 귀중한 인류자산과 함께 1천 년의 장구한 역사가 있어 그 가치와 화려함이 서서히 복원되고 있다.

그 힘은 아무래도 도서관을 이해하는 오스트리아 정부와 책을 사랑하는 시민이 많이 있기 때문일 것이다. 우리도 그 이상의 역사를 가진 문화민족이다. 규장각이 있고 장경판전을 가지고 있지 않은가. 정부의 지속적인 관심과 시민정신이 살아난다면 아드몬트도서관을 단지 부러움의 대상으로만 바라보지 않아도 될 것 같다.

장크트갈렌 수도원도서관

중세의 건축물 가운데 수도원은 가장 위대한 건축물에 속한다. 대표적인 것으로는 성 베네딕도 수도원을 비롯해서 카르투지오 수도원, 클뤼니 수도원, 시토 수도원, 아우구스티누스 수도원, 장크트갈렌 수도원 등이 많이 알려졌다. 이들 수도원 안에는 기도원, 성당, 식당, 숙소, 병원, 도서관 그리고 손님용 숙소 등이 있어 하나의 조그마한 도시가 될 만했다. 그래서 수도원은 신앙의 중심지가 되어 사람들이 항상 들끓었고 언제나 순례자들이 방문해 대학이 생기기 전까지 학문의 모태로서 중심 역할을 해왔다.

스위스에 있는 장크트갈렌 수도원은 아일랜드의 귀족 콜롬바누스가 세상의 부귀영화를 뿌리치고 수도사의 길로 들어서 612년 사람이 살지 않는 이곳에 수도원을 지었다. 계속해서 이곳에서 활동하다가 세상을 뜨자 사람들은 성 갈리(Saint Galli, 영어로 St. Gall)라고 불렀다. 지금 이 수도원은 그 자리에 1750년 대수도원장 스타우다크의 지시로 오스트리아 건축가 텀브와 페터가 건설한 것이다. 바로크양식의 건물로 당시로는 단순하면서 힘이 넘치는 획기적인 도서관을 만들어 육중한 현관문 위에는 '영혼의 요양소'라는 문패를 붙였다.

이렇게 완성된 도서관은 1983년 유네스코 세계문화유산으로 지정되었다. 나는 이곳에 꼭 한번 와보고 싶었는데, 그 이유는 현관 위에 새겨져 있다는 '영혼의 요양소'라는 문구를 보고 싶었기 때문이다. 이윽고 도착한 도서관은 아침부터 문이 활짝 열려 있었다. 나는 도서관 안에 있는 책보다 우선 고대 그리스어로 쓴 간판을 먼저 확인하고 싶었다. 현관 위 뜻 모르는 문자 《ΨΥΧΗΣ ΙΑΤΡΕΙΟΝ》(Psyches Iatreion - Sanatorium of the Soul: 영혼의 요양소 또는 Medicine chest for the Soul: 영혼을 위한 약방으로 번역된다)를 설레는 마음으로 바라보고 또 바라보았다.

이곳에서는 도서관의 첫 번째 기능이 단순히 지식습득이나 정보수집 그리고 오락을 위한 것이 아니라 책을 통해 영혼의 상처를 치유하고 걱정거리를 푸는 해우소(解憂所), 즉 영혼을 치유하는 곳이라고 굳게 믿고 있는 것이다.

입장권을 내고 도서관 정문 안으로 들어가면 바닥이 두터운 덧신을 준다. 이것을 신고 안으로 들어서자 온 공간을 채우고 있는 다양한 빛깔로 뿜어져 나오는 수십 개 조형물들이 눈을

'그레고리오 성가집'을 전시하고 있는 장크트갈렌 수도원도서관.

부시게 한다. 넉넉한 방, 아래 위층 벽면을 가득 채운 책장 속에서 수백 년을 흘러온 책들이 저마다 자신의 영혼을 내뿜는 것 같다. 그렇다. 도서관 간판 그대로 이곳의 책들은 만든 자와 지은이의 영혼이 여기에 누워 조용히 요양하고 있는 것이다. 상감기법으로 만들어져 입체감을 느끼게 하는 화려한 바닥에는 멋진 기둥들이 방사형으로 서가들을 지탱하고 있으며, 품위가 느껴지는 나무기둥 상단에는 코린트 양식에 금을 씌운 장식들을 보면 하나하나가 불후의 명품이라 아니할 수 없다.

4개의 돔 천장에 그려진 그림은 니케아 공의회와 콘스탄티노플, 에베소, 칼케돈이 주제로 하늘과 인간이 서로 대화하는 것처럼 보인다. 거기에 쓰인 라틴어 문자는 마태복음에 나오는 "하느님은 너희와 함께한다."라는 뜻이고, 또 하나는 요한복음에서 나오는 "진실을 깨달아라."라는 뜻이다. 크고 아름다운 반원형의 홀에는 원형으로 양각된 창문이 있고, 그 앞은 프레스코 화법으로 그린 로코코 양식의 작품들로 가득하다.

그리고 바닥의 도서 진열대에도 많은 귀중본이 전시되어 있다. 감시원들이 사방에 있는데도 주먹만 한 열쇠를 채운 것으로 보아 매우 값비싼 작품인 듯했다. 한 예로, 서기 894년 당대 최고의 명필가 에반겔리움이 필사본 양면표지에 상아로 천사와 성인을 새겨 붙이고 그 옆에는 금과 보석으로 치장한 24×36㎝ 크기의 초기 대형성경책(Giant Bible)이 있다. 안내자는 책을 가리키면서 보험금만 1억 유로(한화 1,300억 원)라고 지레 겁을 주기도 했다. 나는 이 말을 들으며 언젠가 호화스럽게 만든 책을 신랄하게 비판한 어느 비평가의 말이 떠올랐다. "그대들이 가지고 있는 책은 금은보석으로 덮여 있는데 주 예수는 벌거벗은 채로 십자가에 매달렸지 않느냐." 지금도 호화판 성전을 가꾸는 데 여념이 없는 한국 기독교나 온 산천 곳곳에서 분에 넘치는 불사를 진행하는 불교계를 보면서 우리도 그의 말을 되새겨 보고 한번 반성해 볼 만하지 않은가.

특히 이 도서관에는 로마 시절, 성 오트마리가 그레고리오 성가(Gregorian chants)를 가르쳤던 음악 학교였음을 실감할 수 있는 악보들이 많다. 그래서 홀 안에서 전 시대에 진열하고 있는 자료들도 거의 다 악보들이다. 그밖에 무게가 22㎏이나 되는 대형 책『미사 때 부르는 노래』악보를 비롯해서 금과 보석으로 치장한 초기 성경 등 헤아릴 수 없이 많다.

현재 장서는 15만 권을 보유하고 있으며 스위스의 국보급 문서와 도서들도 많이 소장하고 있다. 이 밖에도 서기 600년경에 나온『라틴어 문법』책과 이 시기에 수도사들이 어두운 서고에서 하늘과 맞닿기 위해 목숨을 걸고 온몸으로 새긴 성경을 비롯해 수도사들의 생활 규칙을 적은 책 등 많은 귀중 도서들을 보유하고 있는데, 다 보지 못하고 나온 것이 못내 아쉬웠다.

공공도서관

보스턴 애서니움·보스턴 공공도서관

지난 여름, 미국 보스턴에 있는 애서니움(Athenaeum)을 다녀왔다. 고급문예클럽이면서 사설도서관이다. 창립 200주년을 맞는 이곳은 '지혜의 여신(Athena)이 머무는 전당(um)'답게 전체가 회원제로 운영되는 고급 도서관으로 미국 상류층들의 지적 놀이터라 할 수 있다. 비록 돈이 없어도 이곳의 고급스러운 분위기와 우아한 가구, 정돈된 책들 속에 파묻혀 산다면 결코 신선이 부럽지 않을 것 같다.

비지땀이 흐르는 더운 날씨로 밖에는 모두 반바지, 슬리퍼에 반라의 몸으로 다니는데 그 안 드문드문 열람석을 차지한 신사

보스턴 애서니움의 열람실.

와 숙녀들은 모두가 긴 소매 옷에 맵시 있는 정장을 갖추고 책을 보고 있었다. 그들의 자태를 보니 잘 조직되고 쾌적한 공공 도서관에 만족하지 못하고 성이 차지 않은 미국 상류사회의 단면을 보는 것 같았다. 황홀한 분위기 속에서 내가 발견한 중요한 사실은 마땅히 상류층일 것 같은 그들은 자신에게 주어진 한가한 시간에 골프장도 사우나실도 아닌 도서관에서 책과 함께 있었다는 사실이다.

입구에서 나누어준 리플릿에는 관장이 직접 선정한 「10년 10책(1997~2007)」, 즉 '10년 동안 발행된 명저 10책'과 「지구 온난화와 환경」 「이라크전쟁에 관한 책(2005~2007)」등의 목록을 인쇄해 두어 회원들이 이 책을 읽도록 책을 준비해 주고 토론하는 장소까지 마련해 준다.

회원이 되려면 평생회원 가입비 1,000달러를 기부한 다음

매년 290달러(개인회원은 230달러)를 내는데 꽤 비싼 편이다. 그럼에도 사람들이 계속 몰려오고 있어 주식배당 수에 따라 참여인원을 1,049명으로 제한하고 있다. 주요활동으로 시 토론회, 문학 대화, 미스터리 소설이야기, 요리하기 등을 수시로 개최하며 명사들의 강연회와 격조 있는 콘서트도 이따금 열린다고 한다.

회원은 주로 인문 분야의 학자와 문화인, 예술인, 작가, 연구원, 애서가 등 직업이 다양한 상류층의 인사들이 주축을 이룬다. 순수한 도서관이라기보다 지식인들의 사교클럽이면서 도서관 시설을 중심으로 연구실과 작가의 집필실, 대화의 방, 전시회 등을 이용해 폭넓은 문화 활동을 펼치고 있는 한 단계 격이 높은 사설도서관이라 할 수 있다.

또 여기서는 매주 수요일 오후마다 도서관장이 나와 손수 티파티(Wed. Afternoon Tea Party)를 베푼다. 나도 여기에 참석해 그 유명한 보스턴 차(1773년에 일어난 '보스턴차사건'은 영국식민지로부터 미국독립의 쟁취를 이끈 역사적 사건으로 그들에게는 '미국의 정신'으로 각인되어 있다)를 한잔 마셔 보고 싶었지만 마침 여름휴가철이라 좋은 기회를 놓칠 수밖에 없었다.

이 도서관과 인접한 곳에 꼭 보아야 할 보스턴 공공도서관이 있다. 미국의 진정한 도서관은 여기서부터 시작했다고 볼 수 있다. 물론 그 전에 필라델피아 등지에 회원제 공공도서관과 몇몇 도시에 소규모의 단체 또는 개인이 만든 공공도서관이 있었지만 순수한 의미에서 주민의 세금으로 주민에 의해, 주민을

보스턴 공공도서관 전면.

위한 공공도서관은 1852년 설립된 이곳이 처음이다.

보스턴 도심 한복판 코플리 지하철역의 모든 안내판은 보스턴 공공도서관 건물사진으로 꽉 차있다. 지하철역과 연결된 도서관 입구는 수리 중이어서 계단을 따라 밖으로 나오면 성조기가 줄줄이 걸린 커다란 석조 건물이 우뚝 서 있다. 정문이 코플리 광장을 향하고 있는 맥킴관은 1888년 찰스 맥킴(Charles Mckim)이 설립한 것이다. '시민의 궁전'이라 부는 이 건물의 파사드(façade: 장식적으로 만든 건물 정면)는 '마음의 눈'을 이미지화했다고 하며 1986년 국가역사보존 건물로 지정받았다고 한다.

건물 처마 벽면 끝에서 끝까지 《The Public Library of the City of Boston Built by the People and Dedicated to the Advancement of Learning A.D.MDCCCLXXXVIII(보스턴 시 공공도서관은 배움의 향상을 바라는 시민에 의해 건립 헌정되다. 서기 1888

년》이라는 크고 긴 글씨로 새겨놓아 멀리서도 잘 보인다. 정문 중앙부위 위쪽에는 성 아우구스트 가우덴이 돋을새김으로 조각한 횃불을 든 두 동자상을 새긴 도서관 실(seal)이 있고, 바로 그 아래 머릿돌에는 가면을 머리에 쓴 미네르바 흉상이 돌출되어 있다. 그리고 미네르바 머리 위에는 양각으로 새긴 'FREE TO ALL' 글자가 뚜렷하게 보인다. 무슨 뜻인가? 모두에게 무료, 즉 모든 사람에게 공짜라는 말이다. 다시 말하면 "도서관은 누구든지 무료로 이용할 수 있다."는 것을 온 시민에게 공표한 것이다.

도서관 이용이 '공짜'라니, 지금으로서는 별것 아닌 것 같지만 당시로써는 서민들에게는 새 세상을 알리는 복음서와 같은 신선한 충격이었다. 150년 전, 일반인이 도서관을 마음대로 가까이한다는 것이 상상할 수 없는 남의 이야기일 뿐이었다. 보스턴 애서니움만 해도 그렇다. 그곳은 부자들만의 놀이터요 귀족 같은 소수 엘리트의 사교장일 뿐 일반 서민들에게는 그림의 떡이었다.

'공짜'의 의미가 얼마나 대단했으면 도서관 머릿돌에 이처럼 당당하게 돌을 쪼아 새겨 놓았을까? 아직도 유럽의 많은 나라는 '무료'의 미련을 버리지 못하고 입장료를 그대로 받고 있으며 우리나라 공공도서관이 무료화된 것도 비교적 최근의 일이다. 유네스코 권고사항이고 도서관 정신에 어긋난다는 명분 때문이었다.

정문 앞에는 청동으로 만든 두 개의 여신상이 정문 좌우에 앉아있다. 왼쪽에 지구를 들고 있는 여신은 '과학'을 상징하고, 바른쪽에 화필과 캔버스를 든 여신은 '예술'을 상징한다. 과학의 여신이 앉은 대리석 좌대에는 뉴턴, 다윈, 프랭클린, 파스퇴르 등 8명의 과학자 이름이 새겨져 있고, 예술의 여신이 앉은 자리에는 라파엘, 타이티언, 렘브란트 등 8명의 예술가 이름이 적혀있다.

그뿐만 아니다. 본관 건물의 35개 각 아치 창문마다 그 아래에 별도로 조각할 공간을 만들어 소크라테스, 플라톤에서부터 인간이 영원히 기억해야 할 철인, 사상가, 문인, 과학자, 예술가 등 지식을 창조한 인류의 스승, 730여 명의 이름을 장식무늬처럼 새겨 놓았다.

밖을 대충 둘러보고 맥킴관 정문을 들어서자 고딕양식으로 대리석바닥과 모자이크로 장식된 아름다운 천장 아래 청동으로 된 세 개의 검은색 현관문이 있다. 다니엘 프렌치가 조각한 것으로 아름다운 여섯 여신, 즉 뮤즈(Muse)들이 세 개의 문(여섯 개 문짝)에 각각 부조되어 있다. 가운데 문에는 책과 지구를 든 '지식'과 '지혜'의 여신, 왼쪽 문에는 악기와 향로를 든 '음악'과 '시'의 여신, 그리고 바른 쪽문에는 거울과 가면을 각각 든 '진실'과 '로맨스'의 여신이 춤을 추고 있어 출입자의 눈을 홀리고 있다. 지식의 전당이라 하기보다 '여신들의 궁전'으로 부르는 것이 더 합당할 것 같다. 뮤즈들이 사는 궁전이 무세이온(Museion)이라면 그곳은 곧 뮤지움이 되어 겉만 가지고는 도서관인지 박물관인지 헷갈린다.

무세이온 안으로 계속 들어가면 중세 수도원도서관과 뉴욕 공공도서관처럼 큰 홀이 있고 올라가는 계단에는 두 마리의 큰 사자가 내부를 지키고 있다. 뉴욕 공공도서관의 사자들은 도서관 밖을 지키고 있는데, 이곳의 사자는 도서관 안에서 지키고 있다. 홀을 둘러싼 계단 주위에는 많은 벽화와 장식물이 서로 어울리고 도서관이 행사하는 안내판 목록에는 풍성한 이벤트가 줄을 잇고 있다.

건물은 모두 5층으로 2~3층 사이에 중간층이 있어 실제보다 높아 보인다. 반지하는 회의실이고 1층에는 일반열람실과 오리엔테이션실 및 신문열람실, 마이크로실이 있다. 2층에는 길이 66m, 폭 13m, 높이 15m 크기의 왕관 모습의 원통형 천장을 한 대형 열람실이 시선을 압도한다. 도서관 건립 당시 돈을 가장 많이 기부한 조슈아 배이트스의 이름을 따 '배이트스 홀'이라는 부르는데 좌석마다 불을 밝힌 초록색 등이 아치 창틀과 매우 잘 어울려 마치 어느 고급살롱에 와 있는 듯하다.

안으로 깊이 들어가자 마침 갤러리에서 제1차 세계대전을 기억하기 위한 전시회를 개최하고 있었다. 전쟁 지원금을 모금하기 위해 당시 제작한 포스터를 전시하고 있었는데 그중에는 책과 관련된 포스터가 하나 보인다. 많은 포스터 중에 이 그림이 유난히 내 눈에 띄는 것은 무슨 까닭일까?

"전쟁터에서 병사들이 책을 원합니다.
공공도서관으로 책을 보내주십시오."

보스턴 공공도서관에서 전시하는 제1차 세계대전 전시포스터.

　100년 전 제작된 이 포스터를 가만히 들여다보면 신기하고 재미가 있기보다 처연한 전쟁터에서 병사들의 위문품으로 읽을 책을 수집한다는 내용이 마음 깊이 와 닿는다. 생사가 갈리는 전쟁의 수렁 속에서도 빵이 아니라 책을 갈망하는 병사들의 자세, 그리고 이들을 위해 펼치는 눈물겨운 책 수집 활동은 도서관만이 할 수 있는 고귀한 봉사활동으로 내 마음을 금세 숙연케 하고 많은 생각을 하게 하는 포스터이다.

　맥킴관을 옆에 끼고 나란히 붙어 있는 '존슨관'은 1970년 필립 존슨(Philip Johnson)이 설립했다. 현대식 도서관 기능을 가진 존슨관은 서고와 이용자 관리에 쉽도록 건물 중앙 한가운데 1~3층을 'ㅁ'자로 공간을 뚫어 아래위를 노출했다. 우선 천장이 높아 시원해 보이고 비워진 공간 주위를 한 바퀴 돌아보면 원하는 자료가 쉽게 보인다.

이러한 건물구조는 관리상의 용이성과 업무의 효율성에서 유리하다. 반면에 사소한 문제지만 몇 층간의 상하가 열려 있음으로써 에너지낭비 요인이 되고, 소음문제를 통제하기 어렵다는 약점이 있다. 그럼에도 업무 능률을 우선시하는 미국의 실용주의가 바탕이 되어 나온 것이라면 더 이상 시비를 말아야 겠다.

이상의 두 건물은 면적이 거의 같고 높이도 같지만 외양이 다르고 속의 건물구조나 시설 및 용도 자체도 서로 딴판이다. 따라서 도서관을 찾는 사람도 양분된다. 맥킴관에는 값진 장식품으로 치장한 갤러리와 대형열람실 그리고 도서관 역사를 증명하는 예술품 등이 있다. 이곳에도 물론 책과 대열람실이 있어 독서를 하고 문화와 예술을 즐기는 일반 방문객과 관광객들이 즐겨 찾는다. 반면에 존슨관은 전형적인 현대 도서관이어서 정보와 책을 구하려는 통상적인 도서관 이용자들이 줄을 잇는다.

뉴욕 공공도서관

미국에서 뉴욕, 뉴욕에서도 맨해튼은 세계 문화와 예술 및 지식의 용광로이다. 그 속에 있는 뉴욕 공공도서관은 이러한 활동의 중심에 서서 책을 만나고 사람을 만나는 제3의 공간으로 뉴요커들에게는 없어서는 안 될 존재로 정착되어 있다. 사실 이 도서관은 책을 만나는 장소이기 전에 사람과 사람이 만

나고 소통하는 공간으로 패션쇼와 시사회, 예술가의 작품전시나 공연장 등으로 많이 활용되고 각종 미술, 사진전을 비롯하여 영화배경으로도 자주 등장한다. 영화 「투모로우」의 주 무대가 되기도 하고, 「섹스 앤 더 시티」의 주인공 캐리의 결혼식 장소로 나온 것을 보면 뉴요커들에게 도서관의 의미가 무엇인지를 생각하게 된다.

도서관 정문 앞에는 미국에서 유명하다는 엷은 분홍빛이 감도는 테네시 산 대리석으로 만든 두 마리의 사자가 광화문 앞의 해태상처럼 버티고 앉아 있다. 1930년대 뉴욕 시장이던 피오렐로 라가디아가 공황으로 말미암은 경제적 어려움을 견디어 내고 새로이 개척정신을 다짐하자는 마음에서 두 마리의 사자를 세우고 '인내(patience)'와 '불굴(fortitude)'이라고 이름을 지었다.

이 사자상은 지금 뉴욕 공공도서관의 상징이 되어 도서관의 로고나 행사 등에 사용되고, 도서관에서 대대적인 공사가 진행될 때는 사자들의 머리에 작업 헬멧을 씌워 도서관의 활동상황을 알려주기도 한다. 나아가 뉴욕시에서 큰 이벤트가 있을 때는 사자상에 턱시도를 입혀 행사를 알리고, 뉴욕 양키스와 뉴욕 메츠가 경기를 벌일 때에는 사자 머리에 각각 양 팀의

뉴욕 공공도서관을 지키는 사자 상 '인내'와 '불굴'

모자를 씌워 뉴요커들의 흥을 돋운다. 두 사자상은 단순한 돌덩이가 아니라 살아 있는 도서관의 상징이고 뉴욕의 자부심이기도 한 것이다.

여기에 들어가면 '장미 열람실' 입구에 "좋은 책은 우리 영

뉴욕 공공도서관을 지키는 사자 상 '인내'와 '불굴'.

혼의 귀중한 생혈이니 인생을 살아가면서 깊이 간직할 지어다."
라는 커다란 현판을 볼 수 있다. 장미는 길을 찾아주는 진실한
방향을 의미하는데 지식의 길잡이 노릇을 해 주어 도서관과
연관이 많다.

　이 도서관이 지어질 무렵, 미국 도서관 발전사에 매우 중
요한 인물이 등장한다. 철강왕 '앤드류 카네기(Andrew Carnegie)'
다. 그는 1901년 520만 달러를 기부, 워싱턴의 의회도서관보다
200만 달러가 더 많은 900만 달러로 뉴욕의 도서관을 세우도
록 한 것이다. 뉴욕 공공도서관에 투자한 것을 기점으로 1920
년까지 미국과 영국에 2,500개의 도서관을 만들기 위해 무려
5,000만 달러를 기부한 것만 보아도 그가 도서관 발전사에 얼
마나 전설적인 인물로 통하는지 충분히 짐작할 수 있다. 카네기
는 공공도서관의 기능과 가치를 터득했던 사람이다. 그는 자선

뉴욕 공공도서관 '장미열람실'.

사업의 대상으로 도서관을 선택한 이유를 이렇게 말하고 있다.

> "나는 대중을 향상하기 위한 가장 좋은 기관으로 도서관을
> 선택했다. 왜냐하면 도서관은 이유 없이 아무것도 주지 않
> 기 때문이다. 도서관은 오직 스스로 돕는 자만을 도우며 사
> 람을 결코 빈곤하게 만들지 않는다. 그리고 큰 뜻을 품은 자
> 에게 책 안에 담겨 있는 귀중한 보물을 안겨주고, 책 읽는
> 취미는 이보다 한 단계 더 낮은 수준의 취미를 멀리할 수 있
> 게 한다."

1902년에 착공한 이 거대한 도서관은 꼭 10년 만인 1911년
3월 23일 마침내 개관했다. 보자르 양식으로 설계된 이 건물의
스타일은 로마 이후 르네상스의 예술을 능가하는 전통적 양식

뉴욕 공공도서관 뒷마당.

으로 가득 차 있다. 대개 사람들은 도서관에 가면 원하는 책만 찾고 내부의 시설이나 주위의 풍경을 살피는데 인색하다. 건물도 기껏 앞면만 보고 뒤쪽에는 관심이 없다. 누구든 도서관 구경을 간다면 뒤편에 숨겨놓은 것은 없는지 한 번 찾아보는 것을 권장하고 싶다. 도서관 건물 앞면에는 5번가의 복잡한 교통이 그대로 노출되고 있지만 뒤편 6번가는 아름다운 분수가 있는 쉼터로 시민을 위한 작은 공원으로 만들어 둔 것이 의미가 있다. 뉴욕 공공도서관의 숨은 매력이다. 여유 있는 이용자들은 도서관에서 책을 들고 나와 흐르는 분수의 물소리를 들으며 도시생활에 지친 자신의 영혼을 쉬게 한다.

지금 뉴욕시는 행정 구역이 다섯 곳으로 나뉘어 있는데, 공공도서관은 85개의 분관과 연구 및 특수 도서관 성격을 가진 인문·사회과학관, 과학·산업·경영관, 공연예술관, 스컴버그 흑

인문화연구센터 등 4개 전문 도서관이 1천만 뉴욕 시민을 위해 봉사하고 있다.

현재 미국 전역에는 약 1만 5,000개의 공공도서관이 있다. 이 숫자는 미국 전역의 맥도날드 햄버거 점포 수 1만 2,000개를 넘는다. 2000년 자료에 의하면 미국 전체에서 연간 11억 4,600만 명이 도서관을 방문했으며 17억 1,400만 점의 자료가 대출되었다. 인터넷 시대를 맞아 도서관 이용자가 감소할 것이란 우려도 있었지만 10년 전과 비교해보면 오히려 두 배로 증가했다고 한다.

시민에게 도서관이 얼마나 중요한지를 보여주는 데이터가 또 있다. 뉴욕시 5개 지구 전체의 도서관 이용자 수는 연간 4,100만 명이다. 전 시민이 한 해 동안 네 번 도서관을 다녀갔다는 이야기다. 이 숫자는 시내의 모든 문화시설 이용자와 메이저 스포츠팀 관전자를 합친 수를 능가한다. 또 도서관은 뉴욕 시민의 서비스 중에서 항상 1위에 올라 있으며, 한 여론조사에서도 82퍼센트의 뉴요커들이 "좋다!", "대단히 좋다!!"라고 높이 평가하고 있어 뉴욕 공공도서관은 시민 서비스의 본보기라 할 수 있다. 그래서 뉴요커들은 "도서관이 있어서 이사 가기가 싫다."고 한다.

순천 기적의 도서관

순천 기적의 도서관은 생성 자체가 일반 공공도서관과는 사못 다르다. 2002년 MBC 프로그램 '느낌표'에서 민간단체인 〈책 읽는 사회 만들기 국민운동본부〉와 함께 책 읽는 사회문화를 조성키 위하여 '어린이도서관 건립운동'을 펼쳐 이룩해 낸 산물이다. 주로 책이 없는 마을, 도서관이 없는 중소도시를 중심으로 지방자치단체가 대지를 마련하면 민간단체와 주민이 함께 쌈짓돈을 모아 도서관을 짓는다. 기본적인 인력과 장서는 관에서 지원해주지만 도서관장의 선택과 운영시스템은 모두 자치적으로 수행한다는 것이 제도화된 공공도서관과 다른 점이다.

이 제도의 특이한 점은 공무원이 순환제 보직으로 잠시 머무는 자리가 아니라 일정 자격을 갖춘 민간인이 도서관장으로서 자신의 영예와 성패를 걸고 온몸을 던져 전문성을 펼칠 수 있다는 점과 건물 및 시설에서 지역 환경과 정서를 고려하여

대나무 숲으로 둘러싸인 순천 기적의 도서관.

설계에서부터 운용에 이르기까지 주민을 참여시키고, 상부의 간섭 없이 창의적인 봉사활동을 개발하고 발전시켜 공공도서관의 새로운 모델을 제시하고 있다는 점이다.

순천 기적의 도서관은 2003년 11월 10일, 제1호가 탄생했다. 기적의 도서관은 지금 전국에 10개가 더 있다. 그렇지만 모두가 당초의 의도대로 성공적으로 정착해서 운영, 유지되고 있는 것은 결코 아니다. 본래의 뜻과 취지가 퇴색되고 있을 뿐만 아니라 본래의 설치목적에 벗어난 곳도 없지 않다.

다행히 순천은 그렇지 않았다. 당초 설치 목적대로 원칙에 따라 중심을 견지하고 있다. 우선 시장은 도서관장을 전문직으로 발탁해 계약직으로 임명하고, 민간인들로 이루어진 운영위원회의에 독자적인 활동을 적극 지원했다. 이에 도서관장은 외부의 간섭 없이 전문가로서 온몸을 던져 도서관 발전 방향을 제시하고 추진함으로써 우리나라의 새로운 도서관상을 구현하고 있다. 이 척박한 땅에 도서관이 이만큼 뿌리를 내릴 수 있었던 것은 위의 요건만 가지고 그렇게 쉽게 해결되지는 않았을 것이다. 또 다른 성공 요인은 없을까? 그 의문에 대하여 나는 이렇게 해석해 봤다.

먼저 도서관이 주민을 위한, 주민에 의해, 주민으로 하여금 시작에서부터 운영에 이르기까지 민과 관이 함께하는 거버넌스(governance)모델이라는 점이고, 도서관 자체가 어린이 중심 공간으로 구성되었지만 젖먹이 아이에서부터 초·중등학생, 엄마, 아빠 모두가 함께 이용할 수 있는 가족도서관(family library)으로 활용한다는 점이며 지금까지 권위적이고 도식화된 도서관 모형을 파괴하여 친환경적이고 주민 친화적인 아름다운 건물모형(beautiful library)을 제시했다는 점, 그리고 운영 면에서 어린이들에게 꿈을 심어주고 상상의 세계로 이끄는 매혹적인 프로그램(fantasy programme)을 개발·보급함으로써 지금까지 소외되고 있던 지역주민을 도서관 안마당으로 끌어들였다는 점이다.

순천시는 지방자치단체 중 최초로 '도서관 운영과' 직제를 만들고, 기적의 도서관 개관식 날 '한 도시, 한 책 읽기(One Book, One City)'라는 '시민 책 읽기 운동'을 시작해 2012년 현재 7년째 계속하고 있다. 이 운동은 1998년 미국 시애틀 공공도서관에서 처음 시작한 이후 미국 전역과 캐나다, 영국, 호주 등 세계적으로 확산하고 있는 풀뿌리 시민 독서 운동이다. '한 책 읽기' 프로젝트의 목적은 한 도시에서 그 해에 선정된 한 권의 책을 온 주민이 함께 읽고 토론함으로써 문화적 체험을 공유하며 독서와 토론의 문화를 공유하자는데 있다.

'책과 함께 인생을 시작하자!'는 취지로 2004년 8월, 시범사업으로 시작한 '북 스타트 운동'은 영·유아를 대상으로 벌이는 첫 단계 평생학습 프로그램이다. 책과 함께하는 평생학습도시를 지향하며, '책 한 권, 하나의 순천(One Book, One Suncheon)' 독서 프로그램을 운영하면서 지역공동체를 이끌고 있는데 그 선봉에 기적의 도서관이 우뚝 서 있다.

입구에 들어서면 키가 낮은 세면대가 보인다. 어린이 눈높이에 맞춘 것으로 책을 만지기 전에 손을 먼저 씻고 들어오라는

순천 기적의 도서관에는 엄마와 아기가 함께 산다.

뜻이다. 다른 공공도서관에서 못 보던 어린이 교육용으로 아이
디어가 빛이 난다.

〈코~하는 방〉에서 젖을 물리던 엄마가 책을 보다 잠이 들기
도 하고, 미취학 아이들이 엄마와 함께 책을 보는 〈아그들 방
〉, 그리고 엄마 아빠가 소리 내어 아이에게 책을 읽어주는 〈아
빠랑 아기랑 방〉은 집에서 쉬고 있는 부모들을 아이 핑계 삼아
도서관까지 유도하게 하였다.

이로 인해 도서관은 나와 상관없는 곳이 아닌 바로 내 옆에
서 함께 숨 쉬고 있는 살아있는 공간이 되어 점차 사람들을 도
서관으로 빠져들게 한다. 여러 아이를 한자리에 모아 놓고 이야
기나 동화를 들려주는 '스토리텔링 룸'은 우리말로 〈이야기 방〉
이 되고, 우주선이 도킹하는 모습을 한 원통형 열람실에서 우
주공간을 여행하는 기분을 내면서 누워서 책을 볼 수 있는 〈별

나라 방), 고학년 어린이들이 자유롭게 책을 볼 수 있는 〈지혜의 다락방〉에서는 곧 지혜가 쏟아질 것 같다. 독서 관련 작품을 전시하는 〈작은 미술관〉, 미로를 따라가면서 휴식을 하거나 책을 볼 수 있는 옥상정원인 〈비밀의 정원〉은 무엇인지 신비감을 준다. 그리고 옥상정원으로 가는 길로 독서관련 어린이 작품을 전시하는 골목 〈돌아가는 길〉 등 방마다 정겨움이 깃들어 있을뿐더러, 모든 간판을 순수한 우리말을 살려낸 것도 눈여겨볼 대목이다.

문밖으로 나와 본다. 도서관 벽, 사람의 발길이 뜸한 공간을 찾아 만든 인공시냇물에는 모자이크 물고기가 헤엄치고 있다. 개울물 소리와 옆의 대나무 바람 소리가 잔잔히 울려 퍼지면 문밖의 자동차 소음까지도 막아줄 것 같다. 틈새 공간을 이용하여 볼거리와 즐길 거리를 만들고 조그만 쉼터가 생기면 쌈지 공원을 만들어 여기서 시 낭송을 하거나 가벼운 음악회도 연다.

그 밖에 그림책 버스 〈파란 달구지〉는 버스라기보다 움직이는 한편의 그림책이고 동물원이 된다. '찾아가는 도서관'을 통해 도서관에 오지 않은 사람을 방문하게 함으로써 주민의 참여를 이끌어 낸 점이 '열린 도서관'을 실감케 한다. 이상과 같은 아름다운 구조물과 풍성한 이벤트는 일반 공공도서관에서도 꼭 살펴주었으면 하는 바람인 데, 이런 마음이 간절히 드는 것은 나 혼자만의 욕심일까.

순천 기적의 도서관은 오랜 역사를 가진 것도 아니고 겉모습이 그렇게 화려하지도 않으며 귀중한 책을 소장하고 있거나 장서가 많은 것도 아니다. 대지 4,200m^2에 연건평 550여 평 규모의 2층 건물과 이를 에워싸고 있는 잔디정원 정도이고, 책이라야 고작 6만 9천 권(2010년 5월 기준)밖에 되지 않은 도서관이지만 나는 우리나라에서 작고 아름다우며 위대한 도서관의 하나로 부르고 싶다.

도서관을 나오는 젊은 엄마를 만났다. "순천이 참 좋은 곳이지요. 다른 곳으로 이사 가기 싫어요. 왜냐고요? 기적의 도서관이 있기 때문이죠." 빈말이 아닌 것 같았다. 뉴욕의 맨해튼을 떠나기 싫은 이유가 뉴욕 공공도서관이 있기 때문이라는 뉴요커들의 말이 지구의 반대편에서도 그대로 통한다는 사실이 이제는 별로 이상하게 들리지 않았다.

대학도서관

옥스퍼드대학 보들리언도서관

옥스퍼드대학에서 준 캠퍼스 안내지도를 받고 보니 107개 도서관 마크를 한 둥근 점이 캠퍼스 전체를 뒤덮고 있다. 우리나라의 서울대학교에는 규장각도서관을 포함하여 단지 9개의 도서관이 있는 데 비하면 이곳은 전혀 다른 세상이다. 한국에서 가장 크다는 서울대 중앙도서관(약 3만 ㎡)은 사용 공간이 부족하여 이제야 《서울대 도서관 친구들》을 결성, 새 도서관 건립을 위한 모금 캠페인을 벌이고 있다. 아무리 세계적인 옥스퍼드라고 하지만 한 개의 대학 안에 이렇게 많은 도서관이 존재하다니, 지도에서 둥근 점을 찍은 도서관을 빼버리면 대학에서

남는 것은 과연 무엇일까 하는 정도로 도서관이 많고 역사 또한 길다.

　이곳 도서관의 역사를 알려주는 리플릿에는 1320년경 대학에 인접한 성 매리 교회(Church of St. Mary)안에 도서관을 설치한 것이 옥스퍼드 최초의 도서관이라고 적혀있다. 그렇지만 도서관의 모양이나 장서규모도 알려지지 않고 다만 이름만이 전해져 올 뿐이다. 공식기록으로는 1세기 후인 1426년 신학부에 단독으로 세운 도서관이 처음이다. 하지만 지금은 700년 된 건물을 열람대와 좌석을 없애고 벽 주위의 서가까지 치워 도서관 흔적을 모두 없애 버렸다. 큰 예배당처럼 생긴 도서관 홀 내부는 아름다운 창틀과 벽면, 장엄하고 화려한 황금색 문양의 천장이 무척 화려하다. 그래서인지 지금은 옥스퍼드의 관광명소가 되어 하루 세 차례씩 관광객을 불러들이고 있다.

　지금 옥스퍼드 안에 '도서관' 간판을 달고 있는 곳은 54개

옥스퍼드대학 전경, 가운데 원형건물은 래드클리프 과학도서관,
우측탑 건물이 보들리언도서관.

의 유니버시티도서관, 42개의 칼리지 또는 홀도서관, 기타 도서관 11개 등 모두 합하면 107개에 이른다. 이 중에 모두는 아니어도 옥스퍼드를 대표하고 세계적으로 알려진 유서 깊고 아름다운 도서관이 숱하게 많다. 일일이 열거할 수 없지만 중세 때 지어진 머턴(Merton)칼리지 위층에 있는 머턴도서관은 옛 옥스퍼드의 분위기를 가장 잘 간직하는 장소로 열람실이 박스시스템으로 되어 있다. 르네상스 장식을 한 참나무 책장들을 벽과 직각으로 세우고 그 사이 독서대와 열람의자를 두어 상자 안에 있는 것 같아 공간도 절약하고 독서 분위기도 돋운다.

크라이스트처치(Christ Church)도서관도 건물 길이만큼 긴 홀을 가지고 있는데 옥스퍼드를 통틀어 가장 아름다운 공간 중의 하나라고 정평이 나 있다. 초상화와 흉상들로 가득 찬 작은 갤러리와 화려한 석고장식의 책장 속에는 귀중본들이 가득 차 있다. 사실 옥스퍼드 칼리지들이 소장하고 있는 귀중한 예술품들이 정확히 어느 정도로 얼마만큼 어디에 있는지 아무도 모른다고 한다. 다만 보물 대부분이 여러 칼리지도서관 수장고 안에 깊숙이 숨어 있다는 것만은 확실하다고 한다. 이 중에 예술품을 제외한 모든 기록물과 책은 모두 목록을 만들어 공개하는 것이 그들의 사명이고 원칙이다.

이 많은 도서관 중에서도 보들리언(Bodleian)도서관은 지금 옥스퍼드의 랜드마크가 되어 있다. 건물 전면은 마치 중세의 건축 도안집이라도 펼쳐 놓은 듯 후기 고딕양식의 아치들로 가득 차 있다. 길게 치솟은 아치형 창틀장식을 4단으로 쌓아올린 고

보들리언도서관 입구.

딕양식은 그보다 200년 앞서 지어진 신학부 건물과 멋진 대조를 이루고 있다.

입구에는 팸브록(Pembroke)칼리지 설립자이며, 당시 옥스퍼드 총장이던 윌리엄 팸브록 백작의 동상이 도서관의 보초라도 된 것처럼 위엄 있게 자리를 지키고 있다. 그렇다면 설립자 보들리언은 어디에 있을까? 나중에 들어가서 찾아보니 도서관 서가 한쪽에서 흉상으로 남아 책을 지키는 파수꾼이 되어 있었다. 건물 현관에는 라틴어로 '옥스퍼드대학과 학자들의 공화국을 위하여.'라고 적혀 있고, 아치 문을 열고 들어서면 대형 성서 위에 그리스어로 '그들은 그가 성전에서 학자들과 함께 있는 것을 발견했다.'라고 적어 놓았다.

나를 안내해 준 중국학 도서관 책임자는 여기서 영화 「해리포터」를 촬영했다고 말했다. 다시 자세히 살펴보니 예사로운 곳이 아니다. 대영제국의 역사와 옥스퍼드의 영광을 적은 기록을 온 방에 간직하고 있어 세계적인 위대한 도서관이라는 것 이외 다른 수식어가 필요 없을 것 같다. 모든 책을 귀중서로 취급하고 있어 도서관 밖으로 반출은 물론 일체의 사진도 찍을 수 없고, 일반 책을 대출하려면 신 보들리언 또는 30개로 나누어진 주제별 열람실로 가야 가능하다고 한다.

대학원생 이상만 이용할 수 있는 열람실 천장에는 보들리 가문의 문장과 옥스퍼드 문장이 격자형으로 박혀있고 벽에는 고서들 사이로 아리스토텔레스부터 마르틴 루터에 이르는 200

고딕양식으로 탑을 세운 옥스퍼드 보들리언도서관.

여 명의 얼굴이 띄엄띄엄 붙어 있다. 여기에 있는 책들은 적어도 1757년까지 쇠사슬에 묶여 있었다고 한다. 모든 책을 묶어 둔 것은 아니고 사람들의 손이 자주 가는 대형 그림책이나 큰 사전류 그리고 학생들의 참고도서들이 그랬다고 한다. 책이 귀하고 값진 물품이어서 학생들이 유혹을 못 이기고 몰래 훔쳐가는 것을 방지하기 위해서였다. 학생들이 도서관에 출입할 때 정장을 하게 하고, 책에 무거운 쇠사슬을 달아 수 세기 동안 어둠침침한 서가 속에 갇혀있는 신세가 되었다. 이렇게 세월의 먼지를 한껏 머금고 있는 책들을 보면 책이 잠들어 있는 것이 아니라 저자의 영혼이 돌아와 책과 함께 숨 쉬고 있는 것만 같았다.

보들리언 구도서관 길 건너편에 있는 신도서관은 옥스퍼드에서 가장 큰 도서관으로 총면적 20,247㎡ 크기에 500만 권의 장서를 수용할 수 있다. 1946년 국왕 조지 6세가 개관 테이프를 끊었다. 비교적 신식건물임에도 주위의 중세 시대 건물과 맞물려 고건물처럼 보였다.

구 보들리언 밑을 중심으로 지하터널을 통해 신, 구 보들리언과 래드클리프 카메라(Radcliffe Camera, 카메라는 라틴어로 room을 뜻하며, 'RadCam'으로 불린다), 세 개 도서관이 서로 연결되어 있다. 높이는 약 2m, 폭은 약 3m, 총 길이 약 100여 m의 긴 터널은 사람의 이동통로이자 그 옆은 책들을 실어 나르는 컨베이어 벨트가 계속 털털거리며 움직이고 있는 다목적 통행로다.

이 터널을 통과하는 코스에 관광에서 빠트릴 수 없는 '보들리언 지하도서관'이 연결되어 있다. 지하에 있는 단일 서고로 세계에서 가장 크다고 했다. 독특한 서가 모양은 난생처음 보는 것이다. 이동식 서가인데 옆으로 이동하는 것이 아니라 세워둔 서랍을 빼고 닫듯이 안으로 밀어 넣었다 빼고 했다. 약간

영국의 베드로 성당이라 부르는 레드캠 과학도서관.

어두운 서고를 가만히 들여다볼수록 어디선가 사건이 있을 것 같았고 신비감마저 흘렀다.

지하 터널을 빠져 계단으로 올라가니 바로 래드캠 원형 열람실이 눈앞에 나타났다. 영국의 베드로 성당으로 불리는 이 도서관은 국왕 윌리엄 3세의 궁정 의사이던 존 래드클리프가 기금을 지원하여 이탈리아 양식을 채택, 영국 최초의 로툰다(rotunda, 지붕이 둥근 원형 꼴 건물)도서관을 만들었다. 제임스 깁스에 의해 12년간의 긴 공사를 거쳐 1749년에 완공한 둥근 지붕 꼭대기의 정탑과 코린트식 기둥, 아티카식의 난간이 둘레를 감싸고 있다.

둥근 벽을 따라 둘러 있는 책장에 책이 가득하고 그 가운데는 열람 좌석으로 책 읽는 사람들 역시 가득 차 있다. 그리고 상·하층을 잇는 나선형 계단이 황홀하도록 아름답다. 당시 갤러리로 사용하던 장엄한 홀은 1814년 6월 15일 러시아 황제 알렉산드르 1세와 프로이센의 프리드리히 빌헬름 3세가 나폴레옹전쟁의 승리 축하연회를 벌여 화제가 된 역사적 장소이기도 하다.

케임브리지대학 렌도서관

2009년, 케임브리지 온 시가에는 '대학창설 800주년'을 알리는 페넌트를 모든 전신주, 가로등마다 빠진 곳 없이 걸어놓아 도시가 대학인지 대학이 도시인지 분간할 수 없도록 경계를 허물어 버렸다. 유럽에서 사실상의 대학은 이탈리아에서 프레드릭 대왕이 1158년 교원과 학생들의 집단을 볼로냐대학으로 승인한 것이 근대적 의미에서 대학의 효시가 된다. 4년 후, 1160년 프랑스에서도 법학교와 의학교를 합해 파리대학을 만들었지만, 공식적으로 아우구스트 황제가 승인한 1200년이 되어서 비로소 대학으로 인정받는다.

영국에서 케임브리지대학은 1209년 일단 설립은 되었지만, 국왕 헨리 3세로부터 독립된 대학으로 인가를 받아 1225년 마침내 자율권을 획득했다. 케임브리지 역사에서 이때만 해도 도서관은 없었다. 학생들은 교수들이 소유한 작은 규모의 개인 장서를 빌려보거나 도서판매인(stationery)으로부터 돈을 주고 사든지 대여받았다. 따라서 도서판매인이 대학주변에 많이 생기면서 자신들의 조합을 만들어 결국 대출도서관(lending library)으

'창립 800주년'을 알리는 케임브리지대학.

로 발전하게 된다. 한편 각 칼리지들은 독자적으로 장서를 확보하고 일부는 대출도서관을 흡수하지만 인쇄술이 발명되기까지 장서의 양은 얼마 되지 않았다. 보잘 것은 없었지만 이것이 대학에서 도서관이 잉태되는 계기가 되었다. 창립 800주년을 맞이한 지금 케임브리지대학에는 옥스퍼드처럼 120개의 도서관이 포진하고 있다. 그 중심에는 렌(Wren)도서관이 있다.

　케임브리지가 오늘날 세계 최고의 대학으로 자리매김하는 데는 트리니티칼리지의 렌도서관 외에 120개에 달하는 전문화된 도서관이 없었다면 불가능한 일이었다. 트리니티칼리지뿐만 아니다. 1934년 설립된 케임브리지대학도서관(Cambridge University Library, UL)을 위시하여 각 칼리지와 각 학과에 소속된 크고 작은 전문도서관에 소장된 900만 권의 도서와 300만 부의 정기간행물 그리고 각종 희귀문서, 역사적 인물들의 논문과 세계사적으로 영향을 끼친 귀중한 기록물 등 이러한 자산이 없었다면 오늘의 케임브리지가 과연 있었을까 싶다.

그중에 렌도서관은 케임브리지에서 가장 중요한 도서관으로 영국에서 가장 오래된 책을 보관하고 있으며, 영국 고전건축물 가운데 에베레스트로 통한다. 얼른 보아도 남성적인 간결함과 엄숙함이 묻어나는 기능주의적 걸작으로 유럽 최고의 위대한 도서관임이 틀림없다. 원래 수학자이자 천문학자이던 렌은 우연한 기회에 이곳에서 도서관 건축에 참여한다. 그는 옛 도서관을 헐고 그 자리에 케임브리지에 가장 대표적인 상징물을 짓기로 했다. 다른 작업을 모두 멈추고 오직 이 일에만 몰두하여 1676년 착공한 후, 10년 공사 끝에 1686년 마침내 완공했다.

직사각형 석조건물은 잔디광장을 중심으로 개방식 열주가 있는 다른 건물과 'ㄷ'자로 연결되어 2층과 3층을 떠받치고 있다. 따라서 외형이 서로 다른데도 여러 건물이 하나로 통합한 듯 조화롭게 균형이 잡혀 있어 우아하면서 근엄해 보인다. 지붕에는 사방을 둘러 부잣집 베란다처럼 아름다운 난간을 설치했다. 난간을 따라 건물 가운데를 쳐다보니 신학, 법학, 물리학, 수학을 뜻하는 4개의 석상이 교정을 내려다보고 있다.

건물 내부의 화려한 장식에 비해 세 개의 기둥 문으로 나누어져 있는 강 쪽의 전면 장식은 단순하면서도 엄격하다. 대열람실은 건물의 길이만큼 길게 뻗어 있고 수평으로 열린 아치형 구조물이 지탱하고 있다. 이러한 배열은 렌에 의해 창안된 독창적인 이중 해법을 완벽하게 감출 수 있었다. 또한 이 건축기법

켐 강가의 렌도서관.

은 중세건축술의 원형이 된다고 한다. 건물 자체가 강가에 접해 있어 아치를 역으로 회전시키고 기둥을 세워 각 기둥에 아치를 앉혀놓아 천장을 높임으로써 책의 습기를 될 수 있는 대로 차단토록 한 것도 눈여겨 볼만하다.

전면의 아치를 박공(gable, 삼각 꼴을 한 지붕 형태)식으로 처리해서 무거운 책과 이용하는 열람자의 하중을 바닥이 덜 받도록 했다. 아치가 벽과 지붕을 지탱하고 두 줄의 바깥 아치 사이에 감추어진 돌기둥 바닥을 지탱하도록 한 것도 돋보인다. 이러한 신중한 기술력으로 1층 서고에 장방형으로 된 26개 기다란 창문과 2층 홀에도 같은 수의 아름다운 아치 창을 낼 수 있었다. 이로써 비가 오거나 궂은 날씨에도 많은 창을 통해 밝은 채광을 선물하여 이용자들을 배려했다. 또 기둥을 자세히 보니 아랫부분의 처마 장식은 고전적 도리스식으로 장식했고, 퇴창 쪽

기둥은 코린트식으로 장식을 달리 한 것도 특징이라면 특징이라 할 수 있다.

내부는 각 서가 귀퉁이마다 키 높이에 맞춘 곳에 특이한 문자나 부조를 붙여두고 서가 바닥 쪽 여러 곳과 각 서고 위에는 대리석 흉상으로 소크라테스, 키케로, 셰익스피어, 베이컨, 벤틀리 등 그리스, 로마와 영국의 사상가, 문인들과 뉴턴 같은 트리니티 스타들이 좌대 위에 줄지어 늘어서 있다. 이용자들이 한꺼번에 많은 책을 볼 수 있게 한 큼직한 회전용 독서대는 옛 도서관의 정취를 가감 없이 전해 주고 있다. 독서대를 비켜 몬드리안의 그림 같이 흑백 대리석으로 체크무늬를 놓은 바닥

케임브리지 렌도서관의 서가.

을 밟고 남쪽 홀 끝까지 걸어가면 커다란 창문 앞에 우윳빛 대리석으로 만든 바이런 선생이 책을 들고 높은 좌대에 앉아 있는 커다란 조각상이 보인다.

그뿐인가. 여기에 300만 권이 소장되어 케임브리지에서 가장 오래된 보물을 간직하고 있다. 8세

기경 아일랜드 수도사가 쓴 라틴어 필사본 『사도 바울의 편지』와 트리니티가 간직한 『요한계시록』을 비롯하여 1,250점의 중세 필사본, 그리고 15세기 초기 요람본과 고사본, 1820년 이전에 출간된 5만여 고도서, 셰익스피어의 역대 전집, 뉴턴의 개인 장서와 연구 노트, 2009년 탄신 200주년을 맞이했던 찰스 다윈의 초고본, 밀턴의 자필원고, 러셀의 텍스트, 그리고 식물학자들의 성서로 꼽히는 『식물의 역사』(1686) 등 헤아릴 수 없이 많다.

하이델베르크 대학도서관

하이델베르크대학교는 신성로마제국 시대 교황 우르반의 허가를 받아 1386년 선제후(신성로마제국 때 황제 선정권을 가지고 있던 제후국의 제후) 루프레흐트 1세에 의해 창립된 독일 최초의 대학이다. 창립 이후 30년 전쟁(1618년~1648년 사이에 독일 안의 작은 나라들이 신교와 구교로 대립하며 벌어진 전쟁)까지 대학은 전성기를 누렸으나, 긴 전쟁으로 도시가 파괴되면서 학교와 도서관은 문을 닫았다가 전쟁이 끝난 1652년에 다시 문을 열었다. 그로부터 한 세기 반이 흐른 1803년 하이델베르크는 바덴 대공국으로 편입되었는데, 바덴의 대공 칼 프리드리히는 1805년 최초의 주립대학으로 개편하면서 교명을 루프레흐트 칼 대학(Ruprecht Karl Universität)이라고 고쳤다.

대학의 기원은 고대 아테네의 '아카데미아(academia)'에서 찾을 수 있다. 그러나 근대적 의미의 대학은 유럽이 시발점이 되어 1158년 이탈리아의 볼로냐대학을 비롯한 1150년 파리대학, 1167년(가설이 있음)에 옥스퍼드대학, 1209년에 케임브리지대학 등이 계속해서 설립되었다. 독일은 이보다 한참 후인 14세기 후반이 되어서야 대학 설치를 내외에 공포했다. 이들 대학의 공통된 설치목적은 귀족계급의 인격 교육과 훌륭한 인재 양성 그리고 뛰어난 관료를 배출하는 것이었다.

나는 하이델베르크를 보면서 같은 시기, 동방의 조그만 나라에도 그보다 더 우수한 대학이 존재했다는 사실을 상기했다. 바로 1398년(조선 태조 7)에 설립된 성균관(成均館)을 말하는데 그 이념을 계승, 발전한 것이 오늘날 성균관대학교다. 그래서 이 대학의 모든 로고에는 반드시 창건연도인 '1398'이 들어간다.

1960년대 초, 내가 이 대학에 새내기로 들어와 첫 시간인가 오리엔테이션 시간에 교수님께서 "자네들의 선배는 정몽주를 위시해서 성삼문, 이퇴계, 이율곡 등이시니 여러분은 선배님들의 높으신 학덕을 기리며 이곳에서 열심히 공부해라."라고 말씀하셨다. 이때 아무것도 모르는 우리 모두는 피식하고 그냥 웃어넘겼다. 그때만 해도 서울대학교를 비롯한 지방의 유수 국립대학들이 개교 20주년을 준비하고 있어서 '건학 600년'이라는 대학의 역사를 전혀 실감하지 못했기 때문이었다. 그러나 지금 내가 하이델베르크대학교를 직접 마주하니 그때의 교수님 말씀이 새삼 떠올랐다.

공식적인 고등교육기관이면서 띠동갑으로 탄생한 동양(1398)

과 서양(1386)의 두 대학은 현재로서는 질과 수준에서 그 차이를 부인할 수 없지만 당시 성균관은 하이델베르크보다 훌륭했고, 오히려 그 이상의 대학조건을 갖추고 있었다. 하지만 그 후 우리는 외세의 침탈과 잦은 전란으로 건물과 유물들이 파괴되고 훼손되어 옛 모습을 모두 찾아볼 수 없다.

1600년대에 재건된 성균관의 규모와 시설 인프라를 보면 강의실로 명륜당(明倫堂)이 있고 기숙사로 동제(東齋)와 서제(西齋)가 있으며 시험장으로 비천당(丕闡堂)이 있었다. 그리고 학생들에게 양식을 대고 식당으로 쓴 양현고(養賢庫)와 함께 대학도서관으로서 존경각(尊經閣)이 있었다. 특히 성균관 안에 독립된 도서관 건물로서 1475년(조선 성종 6) 설치된 존경각도서관은 하이델베르크에 비하면 대단한 것이다. 이춘희 교수에 의하면 존경각에는 장서의 출납을 맡는 2명의 전임직원을 두었고 납본제도(納本制度)를 시행했으며 보유한 장서는 정확하지는 않지만 경사, 제자백가, 잡서 등, 수만 권을 소장하고 있었다고 한다. 이처럼 그 당시에 대·소 건물 50여 채를 갖춘 조직적이고 완벽한 시설을 갖춘 존경각에 비하면 과거의 하이델베르크도서관은 도저히 비교도 되지 않았을 것이다.

지금 하이델베르크 시내 중심가 시청 건너편 중앙에는 도시의 상징처럼 성령교회가 우뚝 서 있다. 그 안에 선제후 팔츠가 만든 도서관이 있다. 선제후의 이름을 따서 팔츠도서관(Bibliotheca Platina, 플래티나 도서관이라고도 한다)으로 부른다. 대학도서관의 반석이 되는 성령교회는 선제후 루프레히트 3세에 의해

12년의 긴 공사 끝에 1441년 건물이 완공되었다.

　이것이 하이델베르크 대학도서관의 시초가 된다. 도서관이라고 했지만 독립건물이 아닌 성령교회의 미미한 부속시설일 뿐 도서관은 2층 다락방에 얼마간의 책을 비치한 흔적만 겨우 남아있다. 그것도 2층 성가대원들의 합창대석을 좁히고 장서 보관소를 증축해서 열람실과 서고로 사용했다고 한다. 그나마 장소가 어두워 열람하는 데는 불편했겠지만 책을 보존하는 데는 오히려 다행이다 싶었다. 길이 60m, 폭 20m의 비교적 큰 건물에 속하는 교회 지하에는 선제후 가문의 묘지가 있어 지금 일반인의 기도를 위한 장소로 쓰이고 있으며, 대학의 연회장으로도 가끔 사용된다고 한다.

고성에 쌓인 하이델베르크대학교.

하이델베르크 신 대학 건물의 내부 교정은 동쪽으로 열려 있다. 서남쪽 구석에는 1380년대 건축된 마귀탑(魔鬼塔)이 있어 중세의 성탑으로는 유일하게 보존되어 있는데 한때는 여자 감옥이었으나 제1차 세계대전 이후 전몰학생을 위한 추모관이 되었다. 추모관 바로 건너편에는 선제후 루트비히가 1508년부터 약 40여 년 동안 방어시설을 세우고, 루프레히트궁과 궁녀관 사이에 자신을 위한 도서관을 만들었다. 중세 최초의 개인 도서관으로 일컫는 아주 조그만 이 도서관은 양 성벽 빈틈 사이에 길쭉이 매달려있다. 1~3층으로 각층의 넓이는 $3m^2$쯤 되고, 천장 높이는 6.6m로 꽤 높은데 중앙지주가 떠받들어져 있다. 여기에 선제후의 보물과 미술품 그리고 값진 책들을 보관했다. 2층의 예쁘장한 고딕식 돌출 창은 오늘날까지 남아 있는 유일한 장식으로 회랑의 버팀대와 발코니가 아직도 생동감이 넘친다.

15세기 이후 하이델베르크대학교는 휴머니즘과 종교개혁의 정신적·종교적 중심지가 되어 이곳의 많은 교수와 학생들이 독일을 이끌었다. 또 제2차 세계대전 때는 도시 전체가 파괴될 위기에 몰린 적이 있었는데, 일설에 의하면 당시 연합군 조종사 중 하이델베르크대학교 졸업생들이 많아 그들의 조직적인 애교심을 발휘하여 결국 폭격을 취소시켰다는 얘기도 전해진다.

우리에게도 비슷한 이야기가 있다. 한국전쟁 때 인민군이 가야산을 중심으로 해인사에 숨어들자 미군사령부는 해인사 폭격을 승인한다. 하지만 당시 우리 공군 편대장이던 김영환 대령이 팔만대장경의 중요성을 알고 해인사 상공을 선회하면서 끝까지 폭격을 막아냈다. 그는 우리 민족의 소중한 유산인 팔만대장경을 수백 명의 적들과 바꿀 수 없다고 했다. 만일 그가 없었다면 지금 우리는 세계문화유산인 장경판전과 세계기록유산인 팔만대장경을 더는 볼 수 없었을 것이다.

2005년 봄, 개관 100주년을 맞이한 새 도서관은 대학의 중심부에서 현재 하이델베르크의 상징물로 되어있다. 본체 한 귀퉁이 위로는 청록색의 첨탑이 높게 서 있어 도서관이라기보다는 러시아풍의 사원이 연상된다. 신 고딕 양식으로 지상 6층, 지하 2층의 'ㅁ'자형으로 축조되고, 내부는 전형적인 바로크 양식을 보여주고 있다. 또 열람석 어디에 앉으나 푸른 숲을 볼 수 있도록 안마당에 큰 나무가 있는 넓은 정원을 만들어 짙은 주황색 건물과 아름다운 조화를 이루어냈다.

도서관 정문 입구 두 기둥 양옆에 있는 조각은 아름답기도 하지만 특별한 의미를 지니고 있어 더욱 유명하다. 입구 왼쪽에는 프로메테우스가 있고, 오른쪽에는 아이를 데리고 있는 여인상이 있다. 프로메테우스는 건물 기둥에 묶여 있고 그 발 위에는 독수리가 앉아 있다. 그리스 신화에서 프로메테우스는 제우스의 뜻을 어기고 인간에게 불을 준 벌로 바위에 묶여 독수리에게 간을 쪼아 먹히는 벌을 받는다. 이 조각상의 의미는 윤리적으로 허용되지 않는 지식 습득이나 연구를 하지 말라는 의미가 있으며 오른쪽의 여인과 아이는 인간의 지식이 다음 세대로 전달된다는 것을 의미한다. 또한 벽에는 웃는 얼굴과 우는

하이델베르크 대학도서관 정문. 왼쪽에 프로메테우스,
오른쪽에는 인간의 지식을 다음 세대로 전달한다는 의미의 엄마와 아이가 있다.

얼굴상이 새겨져 있는데 이는 인생의 희극과 비극을 상징한다
고 한다.

현관 안으로 들어가면 흔히 유럽의 도서관에서 볼 수 있는
큰 홀은 보이지 않고 높은 공간에 철골 기둥을 세워 전체를 1,
2층으로 나누어서 1층은 멀티미디어실로, 2층은 서가와 열람
공간으로 사용하고 있었다. 왜 이렇게 아름다운 공간을 막아
놓았는지 궁금해서 안내하는 사람에게 물었더니 제2차 세계대
전 무렵 자료는 점점 늘어나는데 공간이 너무 부족했고, 또 그
때는 '아름다움의 가치'를 잘 몰랐기 때문이라고 대답했다. 그
러면서 100년 전 건축 당시 오픈된 홀을 찍어 벽에 걸어둔 흑
백사진을 보여주었다. 아름다움을 왜 그대로 두지 못했을까. 당

시 도서관의 안목이 어쩌면 이렇게도 10년 앞을 내다보지 못했을까.

국립도서관

프랑스 국립도서관

프랑스 국립도서관(BnF)은 1995년 3월에 개관한 파리 외곽 제13구에 있는 미테랑도서관(Mitterrand Bibliothèque)을 비롯해 1994년 1월 3일 법령에 따라 통합된 제2구에 있는 리슐리외도서관과 제4구에 있는 아스날도서관 그리고 제9구에 있는 오페라도서관·박물관 등을 모두 합친 것을 말한다.

그중 미테랑도서관은 규모와 시설 면에서 세계 최신을 자랑한다. 1988년 미테랑 대통령이 직접 부지를 선정하고 설계 공모를 해서 당시 서른여섯 살에 불과했던 무명의 젊은 건축가 도미니크 페로(Dominique Perrault)가 설계한 것이 당선되어 1992

년 착공, 3년 만인 1995년에 센 강변에 우뚝 세웠다.

　도서관은 약 2만 평 부지에 길이 200m, 폭 60m의 직사각형 대지를 파서 기단부에서 21m 내려간 바닥에 선큰가든(sunken garden, 건물 주위에 땅을 파서 만든 정원)을 조성하고 대지의 네 귀퉁이에는 80m 높이의 '펼친 책 모양(open book shape)'의 네 개의 타워가 서로 마주 보는 형태로 만들었다. 건물 전체는 현대식 네모 상자 꼴로 성벽처럼 세우고, 외부는 모두 강철을 세워 색 유리를 입혔다.

　도서관 타워 사이의 공간은 대략 축구경기장 두 개 넓이만 하다. 네 개의 타워 가운데 있는 약 4,000평의 직사각형 공간은 마치 도심 속의 오아시스 같다. 수령이 50년 이상에 길이는 40m가 넘는 소나무가 빽빽이 들어서 있는 20여 m 땅 밑의 거대한 정원을 거닐다 보면 여기가 도서관이 아니라 오래된 공원

반쯤 펼친 책모양의 미테랑도서관.

에 와 있는 것 같다. 삭막한 현대 건물 안에 자연을 끌어들인 그의 안목을 주시하면서 '우리는 언제쯤 이처럼 섬세한 배려와 장대한 스케일을 지닌 도서관을 가질 수 있을지……' 하는 부러움이 솟았다.

설계자 페로가 도서관을 지을 때 가장 먼저 생각한 것은 자연환경과 태양의 빛과 열이었다고 한다. 네 개의 타워는 지하 4층, 지상 22층으로 통일해 지상 10층부터 19층까지는 서고가 차지하고 7층은 사무실로 쓰고 있다. 그리고 지하 1~2층과 기본층(ground level)인 지상 1~2층은 열람실로, 지상 3~4층은 특수열람실로 이용하고 있다. 이용자들이 세상과 떨어져 책에 파묻히도록 지하에 열람실을 배치했고 밖에는 잡스러운 것을 모두 없애 벤치하나 보이지 않도록 정적구도를 만들었다. 안으로 들어가면 루이왕조 시대 때나 볼 수 있었던 호화로운 붉은 카펫, 나무, 강철과 같은 단순한 자료들이 품위 있는 배열로 중앙의 선큰가든 주위에 배치된 다수 열람실이 한 공간인 것 같기도 하고 따로 떨어져 있는 것 같기도 하다.

도서관을 이용하는 시민은 지상의 나무 갑판에서 에스컬레이터로 깊숙이 파인 소나무 숲으로 빨려 들어가 정원 속으로 내려가야 한다. 이렇게 내려가는 동안 도시의 번잡함을 벗어나 조용한 도서관의 분위기를 자연스럽게 느낄 수 있도록 한 것도 그렇고, 이용자가 도서관을 찾았을 때 먼저 건물 안 보다 깊숙이 파인 소나무 숲으로 끌어들여 책과의 싸움에서 쉽게 이길 수 있도록 미리 여유를 주어 정원 속에서 푹 쉴 수 있는 공간을 배려한 것도 재미있는 착상이라 할 수 있다.

프랑스의 국립도서관을 알기 위해서는 먼저 프랑스 600년 역사를 이해할 필요가 있다. 국립도서관의 모태가 되는 프랑스 왕립도서관은 1368년 샤를리 5세가 그의 개인장서를 루브르궁으로 옮기면서 시작되었다. 당시에는 왕이 사망하면 장서도 함께 소각하는 것이 보통이었다. 이런 관습은 루이 11세에 의해 바뀌었다. 그는 선왕의 장서가 없어지지 않도록 소각과 폐기를 중지시키고 1480년 정식으로 왕립도서관을 설립해 그동안 소장해온 장서를 보존하기 시작했다. 그래서 후세는 그를 '왕립도서관의 창시자'라고 부르고 있다.

그 후 프랑수아 1세는 1537년 12월 28일 발효된 몽펠리에(Montpellier)칙령에 따라 도서검열을 목적으로 프랑스에 있는 모든 출판사와 인쇄소는 저자, 주제와 내용, 가격, 크기, 발행연도, 언어에 상관없이 새로 출판하는 모든 책을 도서관에 납본케 한 법률을 만들어 장서를 증가시켰다. 이는 곧 '납본법(Dépôt légal)'의 효시가 되어 세계 각국으로 미쳤다(사실은 1475년 조선의 성균관에 존경각이 설립된 후 프랑스보다 이미 한 세기 전에 납본제를 실시했다. 이것이 아마 세계 최초가 아닐까 싶다). 영국은 1610년부터, 미국은 1846년부터, 독일은 1955년부터, 그리고 한국은 1963년부터 납본법이 시작되어 지금 세계의 대부분 국가는 이를 시행하고 있다.

납본제도가 처음 시행케 된 동기는 권력집단이 정치적 목적을 가지고 비판세력을 차단하기 위해 출판물을 검열, 통제하는

데 있었다. 결국 이 제도는 언론을 탄압하는 도구로 활용하다가 나중에는 국내에서 생산하는 모든 책을 무료 또는 싼값에 총체적으로 수집하는 방편으로 이용했다. 그렇지만 지금은 효율적으로 국가문헌을 수집하고 저작권을 보호한다는 데 그 목적을 두고 있다.

1789년 프랑스 대혁명은 사회 전반뿐만 아니라 도서관 체제도 어김없이 바꾸어 종전의 왕립도서관 명칭도 국립도서관으로 개명되었다. 왕립도서관이 국립도서관으로 바뀌었다는 것은 프랑스 혁명의 가장 본질적인 변화를 시사하고 있다. 지식과 정보를 독점하던 귀족계급이 몰락하자 이를 시민에게 돌려주는 방법의 하나로 공공도서관이 출현한 것은 어쩌면 매우 자연스러운 현상이라고 볼 수 있다.

이제 제2국립도서관이 된 리슐리외도서관은 루브르궁이 있는 파리의 중심가 리슐리외 거리에 위치하고 있다. 이 도서관을 설계한 건축가 앙리 라브루스트(Henri Labrouste)는 엄청난 장서를 수용할 대안을 찾고 화재에 최대한 대비하며 편리한 이용과 책 분실을 방지하기 위한 새로운 건물을 구상하게 된다. 프랑스 혁명 100주년을 기념하기 위해 1889년 건조된 에펠탑이 성공적으로 완성되면서 철은 탑뿐만 아니라 건물에도 사용할 수 있다는 사실이 확인되었다. 그 대표적인 건물이 바로 리슐리외 도서관이다. 어쩌면 이 도서관도 철의 시대를 처음으로 연 지식의 상징탑인 것이 분명하다.

'지식의 경기장'이라고 불리는 이 도서관은 철을 재료로 거

리슐리외도서관 원형 대열람실.

대한 원통형의 아치 천장을 만들어 건물의 측면에는 서가들을 배치하고 건물 중앙 한복판에 이용자를 불러들여 마치 고대 원형 경기장 한복판 속에서 격투사가 목숨을 걸고 싸우는 것처럼 그 당시의 지식인들이 고대의 철학자와 같은 옷을 걸치고 학문을 토론하는 진지한 모습을 연상하도록 한 것이다.

　도서관 건물의 돔 위 안쪽은 테라코타 판으로 마감하고 가운데는 9개의 둥근 유리창을 넣어 하늘 창이 열리도록 했다. 철제로 된 한중간에 받침대가 있는 서고는 지붕 창을 통해 조명을 덜 받는 공간에 자리를 잡았고 열람실은 조명을 더 받을 수 있도록 고안했다. 받침기둥들 앞에 있는 12개의 기둥과 독립적으로 서 있는 4개의 기둥은 두께 30㎝에 높이 10m의 철제기둥을 세우고 철로 만든 아치 모양의 천장 받침대와 연결되도록 했다. 또 벽체에서 독립적인 공간을 이루는 9개의 둥근 천장들은 이 골조에 끼인 것처럼 보이게 했다. 그리고 지붕 창으로 들어오는 햇살도 이용자들이 직접 방해받지 않게끔 설계되었다고 하니, 이 말만 듣고도 당시의 과학적이고 치밀했던 건축수준이 얼마나 대단했는가를 짐작케 한다.

독일 국립도서관

독일에서 국립도서관의 역사는 1884년 의회가 그곳에 있는 참고도서를 관리하는 모임에서 시작된 독일 제국국립도서관(Reichsbibliothek: National library for the German Empire)이라는 이름으로부터 출발한다. 당시 뉘렌버그에 있던 국립도서관의 장서 4,600여 권은 1938년 라이프치히도서관(Die Deutsche Bücherei in Leipzig) 창립 25주년을 맞아 이곳으로 모두 옮겼다. 그 후 제2차 세계대전 때 라이프치히는 연합군의 폭격에 중심지가 되어 도서관이 폐쇄되고 160만 권의 장서는 다른 곳으로 옮겨졌다. 1945년 제2차 세계대전 종전 후 도서관 운영은 재개되었으나 곧 독일이 동서로 분할 통치되어 라이프치히도서관은 동독의 국립도서관 역할을 하며 반세기 동안 명맥을 유지해왔다.

한편 독일이 통일되기 전 서독에서는 1947년 프랑크푸르트에 새로운 도서관을 건립하여 장서 약 1만 4,000권을 갖추고 '국립중앙도서관(Die Deutsche Bibliothek Frankfurt am Main)'으로 정했다. 이 도서관을 1952년 국가 문헌과 관련된 법적 기구로 공포한 후 1955년부터 납본제를 실시해서 1959년에는 장서를

48만 권까지 대폭 증가시킬 수 있었다.

냉전 시대가 저물고 1989년 동·서독이 통일을 이룩하면서 두 도서관도 자연스럽게 하나로 통합되었다. 그러나 통합은 하되 국립도서관 본부는 프랑크푸르트에 두고, 또 라이프치히도서관도 국립도서관의 자격을 유지하면서 두 개의 국립도서관 체제로 운영하기로 했다. 거기에다 1970년 동독정권이 설립한 베를린음악기록관(Das Deutsche Musikarchiv Berlin)을 국립도서관 조직에 포함시키면서 결국 독일의 국립도서관은 삼원 체제로 운영되고 있다.

이들 도서관은 각각 명칭도 창립연도도 다르지만 이 세 도서관의 홈페이지(http://www.ddb.de)와 모든 시스템은 하나로 통일해서 쓰고 있다. 1999년 기준, 독일 국립도서관의 총 장서는 1,640만 권에 이른다. 그 중 라이프치히도서관에는 특수 컬렉션을 제외한 920만 권의 장서를 소장하고 있고 프랑크푸르트도서관에는 630만 권을 보유하고 있다. 또 베를린음악기록관에는 87만 건의 녹음자료와 악보를 소장하고 있다. 그리고 세 도서관이 한 해에 수집하는 도서는 30만 종이나 되며 이들 자료를 수장하는 서가 길이만 해도 400*km*에 달해 라이프치히에서 프랑크푸르트(서울에서 부산)까지의 거리가 된다.

어렵게 찾아간 라이프치히도서관에 대한 첫인상은 입구에서부터 옛 동독시절부터 그랬으리라 짐작되는 경직된 관리들의 일거수일투족부터 방문자의 눈에 거슬리게 비쳤다. 통일된 지 20년이나 지났지만 아직도 그들에게는 '도서관은 만인의 것'이

독일 라이프치히 국립도서관.

아니고 단지 그들만을 위한 고귀한 직장일 뿐이라는 사회주의 적인 직업관이 그대로 남아 있어 보였다. 입구 요소마다 감시의 눈이 있어 무엇하나 편안하게 관찰할 수도 없었고 사진 촬영은 아예 엄두조차 못하게 했다.

대열람실 안은 일반적인 도서관과 크게 다르지 않았다. 세세 한 작업실이나 특수열람실 등은 볼 수가 없었고 도서관 한쪽 에 자리 잡은 '도서박물관'을 보는 것으로 만족해야 했다. 여기 에는 구텐베르크가 당시 포도주를 짜던 기계로 만든 활자 인 쇄기와 초기간행본, 세계 최초로 발행한 신문 『라이프치히』 초 판본, 초기간행본 그리고 서적 운반용으로 사용된 원통형으로 된 도서 상자 등 볼거리가 많았다. 관찰시간의 제약으로 다소 아쉬웠지만 나에게는 이 박물관을 보는 것만으로도 당시 도서 의 제작과정과 출판환경을 이해하는데 큰 수확이 되었다.

어둠침침한 전시실을 빠져나와 밖에서 본 건물은 내부와 비교하면 매우 웅장하고 아름다웠다. 파사드(façade)의 주요 부위마다 인물상과 이미지, 글씨 등을 조각해 놓아 도서관 내부를 보면서 느꼈던 부정적인 시각이 어느새 긍정적인 시각으로 바뀌어 새로이 친근감을 더해주었다.

프랑크푸르트 국립도서관은 2012년에 창립 65주년을 맞이했다. 프랑크푸르트는 괴테가 태어나고 자란 고향이다. 영국에 셰익스피어가 있다면 독일에는 괴테가 있다고 독일 사람들은 주저하지 않고 말한다. 18세기 한갓 지역어에 불과했던 독일어가 세계적인 언어가 된 데에는 괴테라는 걸출한 인물이 있었기 때문에 가능했다. 그의 빛나는 문학작품들은 분열된 국가를 문화적으로 통합해서 당시만 해도 이류 국가이던 독일을 괴테는 문학을 통해 세계 속에 우뚝 세웠다.

프랑크푸르트 국립도서관. 지하까지 빛이 들어온다.

프랑크푸르트 국립도서관은 중앙역에서 자동차로 10분 거리의 도시 중앙에 있지만 고층 건물이 없고 숲으로 둘러싸여 우선 주위가 조용하다. 1947년 설립 당시만 해도 주위가 텅 비어있을 터인데 많은 경비를 들여 지하 4층, 지상 4층의 건물을 지었다. 도서관은 너무 높으면 이용에도 문제가 있지만 주위 건물과 대치될 수도 있다. 그 결과, 지금도 주위에는 높은 건물이 보이지 않으며 넓은 정원과 여유 공간을 많이 확보해 미래에 있을 확장까지 충분히 고려해 놓았다. 전체 크기는 총 4만 7,000㎡로 라이프치히도서관(1만 6,850㎡)의 약 3배 규모가 되며 건축양식도 현대적이면서 여느 건물과는 독특하다.

정문 앞에는 5m 높이의 벽돌로 된 성벽 같은 담장이 입구를 가로막고 있다. 장벽은 'ㄴ'자형인데 가운데마다 직사각형으로 모두 11개의 큰 구멍을 뚫어 놓아 보기에는 좀 답답했지만 사람들이 구멍을 통해 오갈 수 있는 편의성을 제공했다. 그런데 왜 이러한 구조물이 필요할까? 조선왕조의 상징 종묘의 열주나 권위주의 시대에 만든 한국의 국회도서관처럼 많은 열주가 늘어서 있는 모습은 이용자와 그렇지 않은 사람을 갈라놓아 아무래도 열린 도서관으로서의 이미지와는 거리가 있어 보였다.

프랑크푸르트 국립도서관은 벽돌과 철근 그리고 단풍나무를 사용해 지었는데 이 나무는 햇빛의 각도에 따라 색깔이 달라진다고 한다. 천장은 군데군데 삼각형의 반투명 유리로 열어 놓아 조명을 대신하고 있다. 실내 다른 곳에서도 자연광선을

프랑크푸르트 국립도서관 로비.

최대로 이용해 실내가 매우 밝다는 인상을 받았지만 나는 '도서관에 햇빛이 너무 많이 들어오면 책이 상할 텐데……' 하는 실없는 걱정만 했다.

체코 국립도서관

세계에서 맨 처음 금속활자로 인쇄한 『직지(直指, 원명은 白雲和尙抄錄佛祖直指心體要節, 1377년 간행)』가 지난 2001년 유네스코 세계기록유산으로 등재되었다. 이를 기념해 우리나라 정부와 유네스코 그리고 청주시가 주체가 되어 '직지상'을 제정하고 이 상의 제1회(2005) 수상자로 체코 국립도서관을 선정했다.

직지상 후보로는 체코 국립도서관 외에도 오스트리아 국립도서관, 컬럼비아주정부, 인디아 국가기록원 등 7개국이 올랐지만 유네스코 집행위원회는 이 가운데 기록의 보존관리와 앞으로 발전 가능성이 높다고 평가된 체코의 국립도서관을 수상자로 결정한 것이다.

체코의 수도 프라하는 중세의 모습을 그대로 간직하고 있어 도시 전체가 박물관이라 할 수 있다. 천 년 이상의 역사를 간직한 이 고도에는 갖가지 양식의 건축물들이 즐비하고 아름다운 중세의 기풍이 도시 곳곳에 그대로 스며있다. 1989년 프라하는 도시 전체가 유네스코 세계문화유산으로 지정되었고 해마다 1억 명의 여행객이 찾는 '세계 6대 관광도시'로 꼽히고 있다.

이곳 프라하는 블타바 강(Vltava: 우리는 '몰다우 강'이라고 부른다) 동쪽의 신시가와 구시가, 강 서쪽의 프라하 성과 소지구로 나뉜다. 프라하 관광의 핵심이 되는 구시가 광장에 있는 구시청사 천문 시계탑과 가까운 곳에 블타바 강을 가로지르는 카를교가 있다. 길이 520m, 폭 10m인 이 다리 양쪽 난간에는 30개의 성상이 있고 보행자 전용이라 여기를 오가며 성상(聖像)을 만져보고 프라하 성과 시가지 모두를 구경할 수 있어 언제나 사람들로 넘쳐난다. 바로 이 다리 입구에 있는 '화약문'이라는 탑 앞에 클레멘티눔(Klementinum)이라고 부르는 체코의 국립도서관이 있다.

클레멘티눔은 성 클레멘트(St. Klement)가 세운 교회를 중심으로 박물관 같은 시설을 복합적으로 구성한 시설물 전체를 말한다. 우리말로 박물관을 그대로 직역하면 '온갖 잡동사니를 펼쳐놓은 시설 및 건물'을 말하지만 원어의 뜻은 그게 아니다.

박물관을 뜻하는 Museum은 그리스어 Museion에서 비롯된 것으로 뮤즈들에게 봉헌된 이 기관은 도서관을 비롯한 천체관측소와 다양한 연구 및 교육시설과 함께 귀한 수집품을 보유했다. 성물과 필사본 같은 책들을 간직하고 수도사들을 길러 내던 중세수도원도 같은 맥락에서 이해할 수 있다.

이런 의미에서 박물관과 도서관은 같은 뿌리에서 태어난 일란성 쌍둥이라고 할 수 있다. 수도원의 도서관이나 옛날 도서관을 돌아보면 과연 이곳이 도서관인지 박물관인지 구별하기 어려운 것도 바로 이 때문이다. 이곳 역시 도서관을 포함해서 박물관, 천체관측소, 연구 및 교육기관이 한곳에 모두 모여 있기 때문에 별도로 '국립도서관' 간판 대신에 '클레멘티눔'으로 유지하고 있는 것이다.

애초 이 도서관은 체코에서 가장 오래된 공공도서관 중 하나로 그 역사와 규모는 비교할 대상이 없을 정도이며 소장한 장서의 가치는 세계적으로 인

클레멘티눔 꼭대기에서 지구를 들고 있는 아틀라스 상.

정받고 있다. 특히 보헤미아 자료와 사회과학 및 자연과학의 풍부한 장서를 수집, 보존, 갱신하고 있으며 이 자료들은 누구나 쉽게 접근할 수 있다. 그리고 별도로 슬라브 관련 자료(주로 역사, 철학, 정치학 관련) 및 슬라브 시와 소설 등 대규모 장서를 갖춘 슬라브 문고(Slavonic Library)가 설치되어 있다. 이 문고는 페테르부르크의 출판업자 스미르딘이 소유했던 장서 일부분과 라구시아나 필사본, 1918년 이후 러시아 망명자들이 가져온 자료 등 희귀한 자료들을 상당수 가지고 있다.

이곳을 보려면 구중궁궐처럼 몇 개의 문을 지나야 한다. 미로를 따라 마침내 우리가 도착한 곳은 거의 완벽하게 불빛이 차단된 캄캄한 큰 홀이었다. 불이 켜지고 나서도 한참 뒤에 나타나는 바로크 홀은 장관 그대로였다. 기품 있는 조화 속에 피어난 연꽃처럼 대리석 모자이크로 장식한 무늬바닥과 꼬인 나무기둥, 요철로 장식된 회랑, 도금된 철제 난간, 기둥머리의 금장식, 그리고 다른 도서관보다 훨씬 많고 큰 천구의와 지구의는 공간을 더욱 빛내고 있으며 그 밖의 장식품들도 모두 특색이 있고 진귀해 보였다.

시선을 천장으로 돌리면 신앙과 삶을 보여주는 다양한 형상들이 가득해 마치 3차원의 그림을 보는듯한 느낌이 든다. 북쪽 벽면에는 아홉 여신 뮤즈가 있고 또 남쪽에는 모세와 엘리야 사이에 예수님이 보인다. 그리고 홀의 창문들은 체사레 리파가 로마에서 제작한 진리, 지혜 등의 테마를 담은 326개의 모형을 사용해 도상학으로 재현해냈다.

체코의 국립도서관인 프랑크잘에는 지구의, 천구의가 가득 차 있다.

산속에 있으면 산이 보이지 않듯이 건물 안에 들어가 있으니 전체의 크기와 규모를 가늠할 수 없다. 그것을 알려주기 위해서인지 안내자는 특별히 배려하여 우리를 데리고 천문대의 타워 가장 높은 곳까지 올라갔다. 지은 지 300년(1721~1727년에 건조)이 다 되어가는 건물은 발걸음을 옮길 때마다 삐걱거리고 바닥과 난간들은 곧 내려앉을 것만 같았다. 옥상으로 가는 길을 막고 있는 뚜껑을 두 손과 어깨의 힘으로 두 차례나 밀어내고 10여 층에 올라서서 내려다본 광경은 경이로웠다. '내가 지금 프라하의 심장부에 와 있구나!' 하는 것을 실감할 수 있었다.

저 멀리 프라하 성이 보이고 카를교와 블타바 강의 유람선들 그리고 온 시가지가 한눈에 들어왔다. 그보다 클레멘티눔의 전체 규모와 주황색을 띤 지붕들이 고풍스럽게 빛나고 있는 장관을 내려다보니 그 옛날 화려했던 보헤미아의 문화와 건축술을 조금이나마 알 것 같았다.

나는 잠시 눈을 감았다. 지금으로부터 100여 년 전, 광화문 앞의 육조 거리가 떠올랐기 때문이다. 흑백사진으로 투영된 그 거리에는 장작을 가득 실은 소달구지가 보이고 그 옆에 지게를 벗어놓고 헐벗은 옷에 곰방대를 물고 잠시 쉬고 있는 지친 백성의 초점 잃은 얼굴이 클로즈업된다. 그리고 그 뒤에는 불과 2~3층 높이의 광화문이 우뚝 서 있을 뿐 그 주위는 온통 단층짜리 납작한 초가지붕밖에 보이지 않는다.

지금은 체코가 경제적으로 다소 어렵다고 하지만 그 내면에 소장한 세계 유수의 기록물이나 희귀한 책만으로도 세계적 문화국가가 되어 진정한 '프라하의 봄'이 다가 올 것임을 믿어 의심치 않는다.

장경판전·규장각

우리나라는 일찍이 기록문화의 종주국이었다. 세계적 동굴벽화로 프랑스의 라스코와 에스파냐의 알타미라가 있다면 우리는 울산에 반구대 암각화와 천전리 각석이 있다. 불국사 석가탑에서 발견된 세계 최초의 목판본 『무구정광대다라니경』은 그동안 세계 최초라고 알려졌던 일본의 『백만탑다라니경(770년 간행)』보다 20여 년이나 앞서 있다. 인류가 만든 최초의 금속활자본도 『구텐베르크 성서』보다 80여 년이나 앞서 인쇄한 『직지

⟪1377⟫』를 세계가 입증해 주고 있는 것이다.

유네스코가 '세계기록유산'으로 등록한 우리나라의 기록물을 연도별로 보면『훈민정음 해례본⟪1997⟫』『승정원일기⟪1997⟫』『직지⟪2001⟫』『조선왕조실록⟪2001⟫』『팔만대장경판⟪2007⟫』『조선왕조 의궤⟪2007⟫』『동의보감⟪2009⟫』『일성록⟪2011⟫』『5.18민주화운동 기록물⟪2011⟫』등 모두 9종이 되어 등록 건수만 해도 세계 5~6위권에 속한다. 그보다 앞서 유네스코는 팔만대장경판을 봉안하고 있는 해인사 장경판전⟪藏經板殿⟫을 '세계문화유산'으로 등재⟪1995.12⟫했다. 세계문화유산과 세계기록유산을 한 곳이 동시에 가지고 있는 사실을 같이 인정해 준 사례도 세계사에서 찾아보기 어렵다. 하지만 우리는 기록유산인 팔만대장경만 알고 있었지 기록물을 손상 없이 보존해 온 장경판전의 가치나 의미를 잘 모르고 있다.

장경판전은 단순히 경판만 보존하는 창고가 아니다. 거기서 보관된 경판으로 책을 찍어 내고 공부를 한 곳이다. 중세수도원에서 수도사를 길러 내기 위해 공부를 하고 책을 만들어냈다면 이곳 동방의 한국 사찰에서도 스님들이 수도와 학문을 연마하기 위해 책을 만들고 보존해 왔다. 더욱이 건물구조와 보존시설이 서양의 수도원도서관을 능가할 뿐만 아니라 책을 보존하는 건물들이 현대과학을 뛰어넘는 가장 과학적이고 아름다운 도서관이자 기록관인 것이다.

여기서 잠깐, 경판을 보존하는 판전 건물의 과학성과 아름다움을 한 번 보자. 대장경을 보존하는 데는 그 위치가 중요하

해인사 장경판전의 하나인 수다라장.

다. 이 자리는 1,400여 m의 가야산 중간지점이다. 계절에 따라 부는 편서풍과 계절풍에 가장 적합한 지점을 택하여 여름과 겨울에 상관없이 적당한 풍속을 타도록 했고 절대적인 요건인 습도와 통풍을 위해 원래 토질이 좋은 터에 소금과 숯, 횟가루, 모래를 비율에 맞춰 넣고 찰흙을 다져 습도가 자연적으로 조절되게끔 했다. 창문은 세로 창살로 하여 바람막이도 문짝도 없다. 다만 앞 벽면의 창을 아래 창이 위 창보다 서너 배 크게 했고 뒷 벽면 창은 그 반대로 했다. 이런 창문은 세계 어느 곳에서도 볼 수 없는 특이한 사례다. 간살이 넓은 창임에도 날짐승과 들짐승조차 드나든 흔적이 없으며 거미줄은 물론 쥐도 없고 새는 그 위로 절대 날지 않는다고 한다.

또 수다라장의 정문인 연화문 또한 얼마나 아름다운지 한 번 살펴보자. 우선 문의 모양이 직각이 아니고 둥근 꼴이다. 왜 이렇게 만들었을까? 거기에 신비스런 건축 외적 조형미가 감쪽같이 숨어 있다는 사실을 21세기에 사는 우리는 잘 모르고 있다. 이 문 바닥에는 해마다 두 차례씩 아름다운 연꽃이 소리 없이 피어난다. 그것도 아무 때나 피어나는 것이 아니고 낮과 밤의 길이가 같은 춘분과 추분, 햇빛이 중천에 다다르면 연화문을 통해 비치는 그림자와 수다라장의 기왓장 그림자가 절묘하게 어우러져 아름다운 연꽃을 피워낸다. 어떻게 인간의 능력으로 이러한 연출이 가능할 수 있을까? 이만한 심미안을 갖춘 민족이 이 세상 어디에 또 있을까? 그저 신비스럽기만 하다.

나는 도서관 여행을 하면서 통상적인 의미의 도서관 외에도 한울타리에서 생성되고 특질과 기능이 같은 기록관도 함께 둘러보았다. 중세의 모든 수도원도서관과 체코의 클레멘티눔 등이 그 예다. 그곳은 모두 박물관이자 기록관이며 동시에 도서

수다라장의 정문 연화문.
이 바닥에는 한해 두 번씩 아름다운 연꽃이 피어오른다(사진제공: 해인사).

관이라고 말할 수 있는데, 해인사 장경판전 역시 기록관이면서 도서관의 원조라고 할 수 있다. 이처럼 세계 최고의 기록관과 우수한 기록 문화는 어느 날 갑자기 생긴 것이 아니다.

우리는 그 옛날 삼국 시대와 고려 시대에도 학문기관과 유사한 도서관이 있었다. 서기 372년 고구려 소수림왕 때 국립교육기관으로 세운 태학(太學)을 비롯하여 고려 시대만 해도 고등교육기관으로 국자감을 두고 도서관 유형으로 장서처(藏書處), 비서각(秘書閣), 보문각(寶文閣), 서적소(書籍所), 수서원(修書院) 등을 두었다. 조선 시대에는 학자들의 전문도서관인 집현전(集賢殿)을 세우고 국립교육기관으로 오늘날 대학과 같은 성균관(1398)을 건립하여 독립 도서관으로 존경각(尊經閣)을 지었다.

이 밖에도 서울과 지방마다 향교(鄕校, 국공립)와 서원(書院, 사립)을 세워 교육했기 때문에 그 안에 모두 크고 작은 문고(文庫)를 지어 책을 만들고 보존해 왔다. 조선 시대 설립된 향교 수만 102개가 되고, 서원은 사액서원(賜額書院, 국왕으로부터 인정받은 서원)을 포함하여 47개나 되었다. 그러니 우리나라 서울과 지방에는 크고 작은 향교와 서원으로 가득 찼다. 그것은 모두 오늘날의 학교였고 도서관이었다고 해도 실례될 것 없다.

어디 이뿐인가. 나라의 명운을 걸고 『조선왕조실록』 등을 편찬하여 그것을 온전히 보존하기 위해 꼭 같은 책을 4부씩 제작해 서울과 산속 깊은 곳에 사고(史庫)를 네 곳이나 만들어 보존해 왔다. 이를 목숨을 걸고 지켜낸 선조를 보면 정말 우리나라가 '책의 나라'임을 믿지 않을 수 없다.

정조 대왕은 1776년 즉위하자 곧 왕실도서관의 정형인 규장각을 설치하여 인재를 키웠다. 지금도 아름다운 규장각 건물이 옛 자리에 그대로 남아 있어 이것 하나만 잘 관찰해도 우리나라 옛 건축사나 도서관에 대한 미의식을 거의 이해할 수 있다. 한번 살펴보기로 하자.

창덕궁 정문인 돈화문으로 들어와서 동으로 흐르는 금천교를 지나 대조전(大造殿) 동쪽 담장을 끼고 한참 가면 작은 언덕으로 오르는 오솔길이 나온다. 수림이 우거진 고개를 조금 넘으면 부용지라는 연못이 보이고, 연못 한쪽에 '亞'자형 지붕의 부용정이 발을 반쯤 담근 채 물그림자와 함께 하늘과 땅에서 비추고 있다. 이 연못과 연결된 어수문(魚水門)이라는 일주문을 지나 석조 계단을 몇 발자국 올라가면 언덕 위쪽에 단아한 팔작지붕을 한 2층 전각이 우뚝 서 있다. 바로 주합루(宙合樓)다.

주합루에 있는 규장각(奎章閣)은 단순한 왕실도서관의 정형을 넘은 거대한 국가도서관이라 할 수 있다. 1층에는 역대 왕의 어진(御眞)과 어제(御製), 어필(御筆)을 보관하고 국내·외의 도서를 수집, 이용, 보존하고 있다. 위층은 트인 공간으로 젊고 유능한 인재들을 불러 그들과 정사를 논의하며 왕도정치를 펴던 공간으로 활용하고 강론이 없을 때는 열람실로 이용했다.

규장각은 이것이 다가 아니다. 내각(內閣)과 외각(外閣)을 두어 외각인 교서관(校書館)에서는 활자를 제조, 인쇄하고 책을 출판했다. 또한 제2의 외각으로 강화도에 외규장각(外奎章閣)을 세워 중요한 책과 의궤 등을 보존해 왔다. 이 책은 병인양요

규장각도서관. 어수문을 지나 규장각에 오른다. 왼쪽 건물이 서향각이다.

때 프랑스함대가 약탈하여 프랑스 국립도서관에 둔(장서 1,191종 296책과 의궤류 294책)것을 145년 만인 2011년 5월 우리의 품으로 귀환했다.

한편 내각으로는 규장각을 중심으로 서남쪽에 어진과 왕실 물품을 두는 봉모당을 두고, 정남에는 국내 서적과 중국 서적을 보관하는 열고관(閱古觀)과 개유와(皆有窩)와 서고(西庫) 등 부속 도서관을 두었다. 건물의 덩치가 크다고 반드시 좋은 도서관이라 말하지 않는다. 이 시대 국가도서관으로 규장각은 비록 크기는 작아도 이만한 조직을 갖춘 경우는 세계사적으로 유례가 없는 일이다. 하지만 애석하게도 많은 도서관이 불에 타버리고 주합루 바로 서편에 동향으로 자리 잡은 서향각(書香閣)만이 쓸쓸히 앉아 규장각 본 건물을 지켜 주고 있다.

서향각은 봉모당에 봉안된 어진이나 글씨를 포쇄(曝曬: 책을 햇빛에 말리는 것)하는 장소여서 '책 향기가 나는 집'으로 불렸다. 일제치하 조선총독부는 1911년 5월 1일 이곳을 '누에 치는 양잠소'로 만들어 문 위에 '親蠶勤民(친잠근민: 누에와 친한 부지런한 백성)'이라는 현판을 달고 지저분한 누에 작업장으로 바꿨다. 그리고 이곳에서 농상공부 기사와 감독 그리고 누에를 치는 일본인과 한국인 3명이 5월 18일부터 근무를 시작했다고 한영우 교수(이화여자대학교 이화학술원 원장)는 말한다. 다행히 이 건물은 지금까지 남아 있어 그 옆의 건물 주합루와 아름다운 조화를 이루고 있다.

규장각의 많은 도서관 중 열고관·개유와도서관은 주합루 남쪽 언덕에 'ㄱ'자로 붙여서 만든 꺾인 2층 건물로 청나라 강희제 때 편찬한 『고금도서집성』 5,000여 책 등 2만여 권을 보관했던 유서 깊은 집이다. 이마저 일제가 훼손해버려 지금 빈터만 남아 있다. 특히 이곳은 정조가 세자 때부터 늘 이곳에서 공부하면서 개인 서재 겸 도서관으로 이용했던 장소라 아름답기로 소문이 나 있었다. 남향으로 난 열고관 2층 창은 들어열개문으로 만들어 통풍을 좋게 하였고, 처마를 길게 해 햇빛과 비가 들이치지 않도록 했다. 마루를 받치는 낙양각도 크고 화려할 뿐만 아니라 2층 밖으로 마루를 덧붙이고 계자각 난간을 달아 당대의 건축물 중 백미로 꼽혔다. 다행히 건물의 형체가 1928년에 찍은 유리건판 사진으로 남아있어 이를 바탕으로 김영택 화백이 펜화(「중앙일보」, 2008.9.5)로 살려냈다.

이렇게 규장각 건물은 찬란했던 과거의 영광을 잊은 채 옛

궁궐 속에서 뜻도 모르는 관광객을 맞으며 쓸쓸히 빈집을 지키고 있다. 그래도 그 속에 소장되어 있던 모든 도서와 기록물들은 1945년 해방과 동시 그곳을 떠나 지금은 모두 서울대학교 규장각에서 보존·관리하고 있다. 규장각 도서 안에는 유네스코에서 등재한 세계기록유산인 『조선왕조실록』을 비롯하여 『승정원일기』 『일성록』 등 7종(7,078책)의 국보와 8종(28책)의 보물이 있고 한국본, 중국본, 일반고서, 문고도서, 고문서 등을 합하면 모두 24만 3,000여 점이 된다.

지금 서울대학교 관악 캠퍼스에 있는 규장각 건물은 아무래도 옛것에는 못 미치지만, 당시 거기에 있던 책들과 그때의 유물은 그대로 옮겨 놓았기 때문에 비교될 수 없는 아름다운 것이 많다. 지금 이 시대에 학문을 좋아하고 또 당시의 책과 그때

빈 터만 남아있는 열고관·개유와도서관을 펜으로 살려냈다(그림제공: 김영택 화백).

그들이 쓰던 시설을 보고 싶은 사람들은 서울대학교 규장각으로 찾아가 옛 선조의 도서관 정신을 한번 되새겨 보면 좋겠다.

참고문헌

최정태, 『지상의 아름다운 도서관』, 한길사, 2006.

최정태, 『지상의 위대한 도서관』, 한길사, 2011.

The Boston Athenaeum, 2007.

Bibliothèque nationale de France, (English Ed.), [n.d.]

Guillaume de Laubier, et al., The Most Beautiful Libraries in the World, Harry N. Abrams Inc., 2003.

Heidelberg, Kunstverlag Edm. von Konig, Heidelberg : Dielheim, 1998.

House of Books, Digital Archives, Die Deutsche Bibliothek, 1999.

Klementinum, The National Library of the Czech Republic, Praha, 2002.

Konstantinos Sp. Staikos, The Great Libraries: From Antiquity to the Renaissance (3000B.C. to A.D.1600), The British Library, 2000.

Michael H. Harris, History of Libraries in the Western World, 4th ed, Scarecrow Pr. 1999.

The National Library of the Czech Republic, Guide to History, Praha, 2002.

아름다운 도서관 오디세이

펴낸날   초판 1쇄 2012년 5월 15일

지은이   **최정태**
펴낸이   **심만수**
펴낸곳   **(주)살림출판사**
출판등록 1989년 11월 1일 제9–210호

경기도 파주시 문발동 522–1
전화 031)955–1350   팩스 031)955–1355
기획 · 편집 031)955–1374
http://www.sallimbooks.com
book@sallimbooks.com

ISBN   978–89–522–1844–5   04080

책임편집 **이소정**